奇門在始

Qimen Begins

雲素蕎 ● 著

圓方出版社

「蕎」乃天地初開之時第一株長出來的植物，

一體兩葉，一葉陰，一葉陽，奇葩善果之始也。

易奇而法，詩正而葩。願雲素蕎、雲易揚、雲芊悅

秉承正心明德，格物受持，宏揚所學，承先啟後，

以為眾生消災解厄為己任，不負本師所望也。

南崑山浩瀚道長

推薦序

《奇門在始》融合設計美術與中國古老智慧，巧妙地交織出傳統與現代感。作者深入淺出地介紹了「奇門遁甲」，這門在中國古代以至今時今日被趨之若鶩的「帝王之學」，為讀者打開了探索這個神秘領域的大門。

簡潔清晰的排版、言簡意賅的文字，再配合意境悠遠的圖畫，作者將「奇門遁甲」的智慧生動呈現於讀者眼前。這本書不僅是知識的載體，更是一幅蘊含靈性的畫卷。開始閱讀時或許會感到一絲迷惘，但隨着一頁一頁走下去，您將不禁被其魅力所吸引，愈看心靈愈被觸動，愈看愈感受到「奇門遁甲」的玄妙之處。

在書中後段，作者鮮活地展現了這門源自中國《易經》的預測學方法，透過實例為不同當事人的不同層面，如事業、學業、自身、感情或健康等，作出精闢解讀與預測，為其提供最佳決策的睿智，令我大開眼界。

閱讀完《奇門在始》，您將對「奇門遁甲」有一個整體性的認知，並深深感受到古老智慧的力量。這本書不僅是一本入門書，更是通往神秘古文明之門的鑰匙。每位讀者在閱讀中所得到的感悟和領會都是獨特的，正如每幅名畫在不同人眼中所呈現的美不盡相同，擺在眼前的究竟是瑰寶還是凡物，會否關乎每個人的性格、命格、知識基礎、靈性或慧根？所以，這書就如同一幅神秘的畫作，在每位讀者眼中都可能呈現出獨一無二的色彩與意境。

諸葛亮曾經對「奇門遁甲」作出這樣的評價：「仰其像不威，然運籌帷幄，決勝千里，成帝王之師。」如果您對這神秘學術充滿好奇，希望探索中國古老文明的智慧，那麼《奇門在始》絕對是您不可錯過的書籍。運籌帷幄？絕對有可能。

林溥來 *Patrick Lam*

目 錄

奇門在始

奇門遁甲
奇門在此
QIMEN BEING
Here There & Everywhere

奇門遁甲
奇門在此
QIMEN BEING
Here There & Everywhere

格局

實例

奇門在此

奇門在始

前言

對「奇門遁甲」產生興趣的人都是異類，會欣賞梵高(*Van Gogh*)的瘋彩、張芝(*Zhang Zhi*)的狂草、草間彌生(*Yayoi Kusama*)的點序、達利(*Salvador Dali*)的幻象，物以類聚相互吸引，能在已經失控的世界中瞥見奇門門縫漏出的一絲光芒。「奇門遁甲」的藝術性叫人嘖嘖稱奇，正如畢加索一句至理名言：「藝術是個讓我們理解真相的謊言(*Art is the lie that enables us to realize the truth*)」，虛實從來只是一體兩面，唯有懂得運用多角度思維，才能看清楚事物的真相。

想像一下，達文西(*Leonardo da Vinci*)的驚世傑作蒙娜麗莎(*La Gioconda / The Mona Lisa*)就擺在眼前，大部分人會立即拿起手機和自己以不同姿勢拍照留念，俯拍、仰拍、平拍，在熱度未減前速速放上網分享出去；另一種人會抓緊這個千載難逢的機會和珍品作超近距離接觸，用手摸摸畫布的質感、嗅一下顏料的味道、眼光

掃遍畫的每分每寸每個角落；表現沉着的老江湖則先狐疑後盤算，總是覺得名畫背後定有陰謀；只有極少數人與真品面對面時，會以心神和創作者交流，拋開自我用對方角度去體會作畫的原意。一件真正的藝術品何以無價，即使一擲千金把它據為己有，亦不過是一堆物料湊合而成，真正的價值是作者賦予作品的靈魂，非魔鬼無法收買。

《奇門遁甲》，一部被奉若神明的秘典，在科技發達資訊唾手可得的今天，確是應運由帝王之學漸為民間百姓所用，流傳下來顯示於人前的吉光片羽都是基礎知識，乃歷代先賢借一字一語埋下的大愛種子，等待有緣人誠心灌溉令其茁壯成長，開花結果惠澤眾生。世上所有的武器都是雙刃劍，奇門遁甲只傳賢德之人，得到傳承才能進入這個珍貴的智慧寶庫，求學之士必須具備修行之心，否則尋到的都是鏡花水月，妄想單從文本便能領悟箇中奧妙，門兒都沒有。

先告訴你一個小秘密作為見面禮：蒙娜麗莎曾對我微笑地說：「奇門在此」。

陰陽

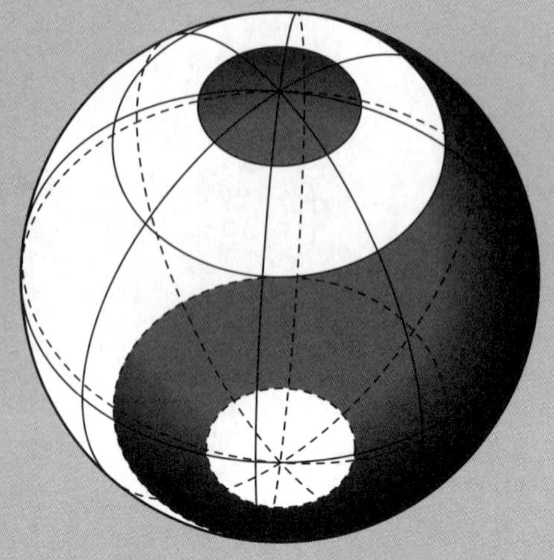

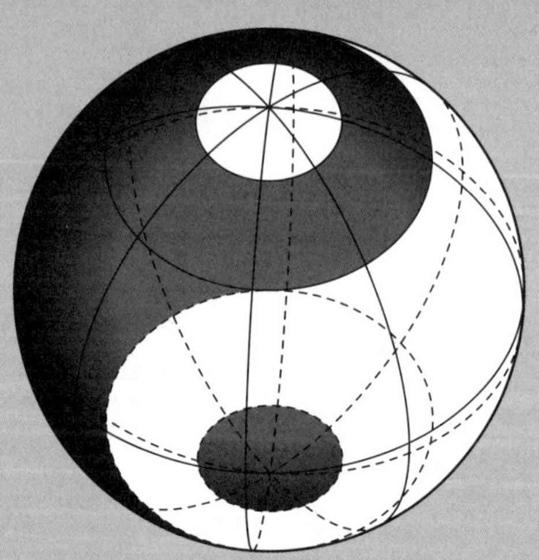

陰陽

要懂奇門，先要懂陰陽。就這一個基本條件，幾乎可以肯定**奇門遁甲**屬中國人專有不得外傳，不是不想傳、不能傳，而是無法傳。以英文翻釋「陰陽」二字為例，資深教育家雲芊悅老師（「奇門在此」創辦人之一）的專業答案為"*yin*""*yang*"，她說"*yin*""*yang*"和"*dim sum*"一樣，在西方的普及度相當廣泛，外國人一聽便「懂」。雲芊悅的學生大多數是外籍或在外國長大的中國人，對博大精深的中國文化可說是一竅不通，「陰陽」在他們的概念就是一個符號☯，即「太極」"*tai chi*"，而"*tai chi*"被認知為"*duality*"（二元性）或"*polarity*"（極性），也有一些說法為"*completeness and balance*"（完整性和平衡），甚至以宗教義理的"*karma*"（因果循環或輪迴）去解讀。對於一直無法讓學生真正領悟箇中奧妙而費煞思量，雲老師最終決定還是以"*yin*""*yang*"去音譯陰陽，一切由零開始才能摒除知之障。我們嘗試化整為零，把陰陽轉化為生活上的一事一物，由身處的空間出發，循着先賢足跡，尋找古文明流傳下來的非凡智慧。

利用負後像
(*negative afterimage*)
直觀陰陽運動：

1 專心定眼看着後頁第一組左邊的太極圖約一分鐘，看見圖像開始發光，然後望向右旁的白頁，直至白頁上出現的圖像完全消失。

2 再以同樣方法觀望第二組的太極圖和右旁的黑頁，直至黑頁上出現的圖像完全消失。

3 最後，集中注視太極圖之後便合上眼睛，立即進入專屬的私人影院，觀看太極圖在自己內在的各種變化，留意第一組和第二組圖案不同之處。

觀望時的專注度、時間長短、心態等，都會影響互動過程而產生變化，亦代表每次的拍攝效果都會不一樣。

陰大於陽

道家中「陰大於陽」之説闡述了大和小的真正意義。大以我們所認知的莫過於漆黑虛空的宇宙，其寬廣深遠甚至令人忘記自己處於其中；相比浩瀚無垠的宇宙，一切可見的，就連太陽也顯得非常渺小。陰和陽的關係就是紙和字、海和魚、曲和詞、理和據、家和家人、母親和胎兒。由此可知，「陰大於陽」這個論説是無庸置疑的。

陰

陰謀、陰私、陰險、陰邪、陰毒、陰笑、陰霾、陰森恐怖、陰曹地府、陰魂不散，「陰」經常被聯想為厭惡性，低賤污穢、離奇怪異等駭人聽聞的印象可說是深入民心。陰之所以被普遍認為屬於不祥之類，皆因其隱藏的本質，所謂「明槍易擋，暗箭難防」，來路不明的事物總是容易令人疑心生暗鬼。

陰為虛：在天為宇宙、在地為海、在大自然中為空氣、在人為智者；陰為遮蔽：在天為月、在地為雨林、在大自然中為影、在人為小孩；陰為收藏：在天為雲霧、在地為土壤、在大自然中為潮濕、在人為母親；陰為暗：在天為玄、在地為深、在大自然中為夜、在人為潛意識；陰為幻：在天為星光、在地為音樂、在大自然中為彩虹、在人為幽默感；陰為包羅：在天為理、在地為法、在大自然中為時間、在人為族羣。

負陰抱陽

《道德經》第四十二章提到：「道生一，一生二，二生三，三生萬物。萬物負陰而抱陽，沖氣以為和。」老子用一語道破天地間一切事物所依循的法則，即由簡至繁，分、合、化三個基本動作以不同比例，相互交替的循環過程。一為陽，二為陰，萬物處於二分性的臨界點，負陰抱陽以補其不足，齊齊踏上進化之路，殊途同歸。而「沖氣」則體現於一呼一吸之間，生物以換氣來讓體外的陽來調和體內的陰；森林的光合作用、季節、洋流，以及種種天災如火山爆發、海嘯、天旱、巨風等現象，乃至宇宙的大爆炸和黑洞，全都屬於大自然的呼吸系統，讓陰陽相合達到淨化為其終極目標。

浩瀚師父時常教導我們，事物本身沒有好與不好，正如大不一定重，小不一定輕；近不一定易達、遠不一定疏離；高尚未必值得尊敬、低下反而備受擁戴；富有不代表滿足、貧窮亦可以快樂。假如你對「陰」還是心存芥蒂，害怕面對鏡中的自己，便將止步於始，望門輕嘆，帝王之學注定與你無緣。最高的學問都藏於深處，看透玄機方能概觀全局，勝算在握。

陰陽曆法

陽曆，亦稱太陽曆、新曆、西曆、格列曆，由從地球上觀察太陽運行的規律來制定，以地球環繞太陽公轉一周，即365.24天為一個回歸年，平分12個月，每個月為30.437天。現時世界上大部分國家所通用的公曆便是由太陽曆所演變，公曆把年、月湊成整數以方便運用，即365天（平年），366天（閏年），大月31天，小月30天，2月平年28天，閏年29天。每四年一閏，再以百年不閏，四百年再閏的計算方法，把差距減至最小。

陰曆，亦稱太陰曆，由從地球上觀察月球的運行規律來制定，以月亮的圓缺變化作為確定周期的基礎，即初一（朔月、新月）、十五（望月、滿月），月球環繞地球一周（朔望月）為一個月，一個月約29.53天，分為大月30天，小月29天，雙月大、單月小。一年有12個朔望月，即354.36天，每三十年中設十一閏年，閏年在十二月末置一閏日，不設閏月。

陽

九大行星以太陽為首，作為太陽子孫的人類，對陽自然敬愛有加，崇拜之情亘古至今。在陽的領域中一片光明，動力源源不絕，生機處處，其高高在上的領導地位，一眾生靈盡皆臣服。陽大公無私，大門永遠堂堂正正開着，一切昭然若揭，坦蕩蕩地便能自出自入，真正的自由莫過於此。被國際社會廣泛使用的陽曆（solar calendar），由古埃及於六千多年前以太陽運動為基礎所制定，這套系統一直被沿用作為追踪時間的依據，能掌握時間便能管理好日常生活節奏的同時，人世間的成敗興衰亦在陽的掌控之內。陽象徵着存在和希望，強大吸引力惹來萬千飛蛾撲火，壯烈犧牲也在所不惜，向陽的特性神奇地世代相傳從不退縮。

陽為實：在天為太陽、在地為山、在大自然中為生物、在人為壯男；陽為快：在天為光、在地為雷、在大自然中為火、在人為體温；陽為上升：在天為神佛、在地為

陰陽合曆

陰陽合曆（Lunisolar Calendar）——很多人誤以為陽曆屬於西方，而陰曆則是中國傳統曆法，其實中國的農曆（亦稱夏曆、國曆、舊曆）是陰陽合曆的一種。陰陽曆在天文學中是指兼顧太陽、月亮與地球關係的一種曆法，以「陰月陽年」的綜合計算方式，令曆月的平均長度接近朔望月（為確保每個月的初一為朔日、十五為望日的精準性，農曆中的大、小月份安排並非固定的），曆年的平均長度接近回歸年。這種陰陽雙軌曆法不但能獲取更徹底的編算數據，並且對應天象。平年12個月，閏年13個月，大月30天，小月29天，一年354或355天，19年為一章內置7個閏月，稱為陰陽章曆，四章一蔀稱為陰陽蔀曆，紀年以天干地支搭配，每六十年周而復始。

大樹、在大自然中為蒸發、在人為積極；陽為清：在天為晴、在地為廣、在大自然中為日、在人為誠；陽為動：在天為令、在地為變、在大自然中為生長、在人為壽命；陽為開：在天為順、在地為成、在大自然中為能、在人為喜。

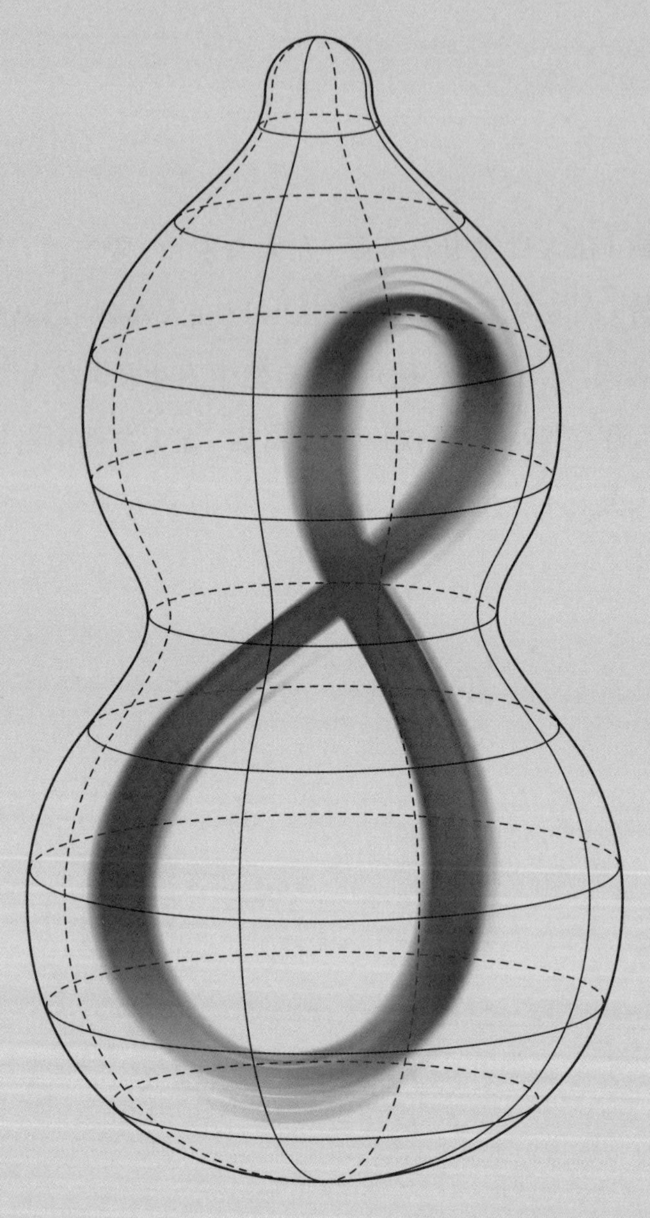

* 萬物聚氣成形，作為最古老植物之一的葫蘆，瓜體內藏太極，源源不絕的動力被視為吉祥的象徵。

能夠身處同時擁有陰和陽的臨界點，這種福分並非偶然，亦非必然，我們應該好好珍惜和學習眼前的一切，世界上所有出色的科學家、化學家、物理學家、藝術家、建築師、音樂家、中醫師、武術家、運動員、廚師、政治家、軍事家、電腦程式創作者，他們都是精於掌控陰陽的魔術師。追求陰陽平衡是慾望的根源，非修道者難以達成，何不擴濶自己的審美眼光，嘗試欣賞不平衡中的缺陷美？正正就是這一點距離，才會令人神魂顛倒，享受愛情的浪漫；正正就是這絲毫的差異，製造突破叫人拍案驚奇；正正就是這些陰差陽錯，組合而成這個色彩絢麗的花花世界。正正得正，負負也得正，在陰大於陽的大環境下，正負也得負，精密科學果真非玄學也。

五行

五行生剋圖

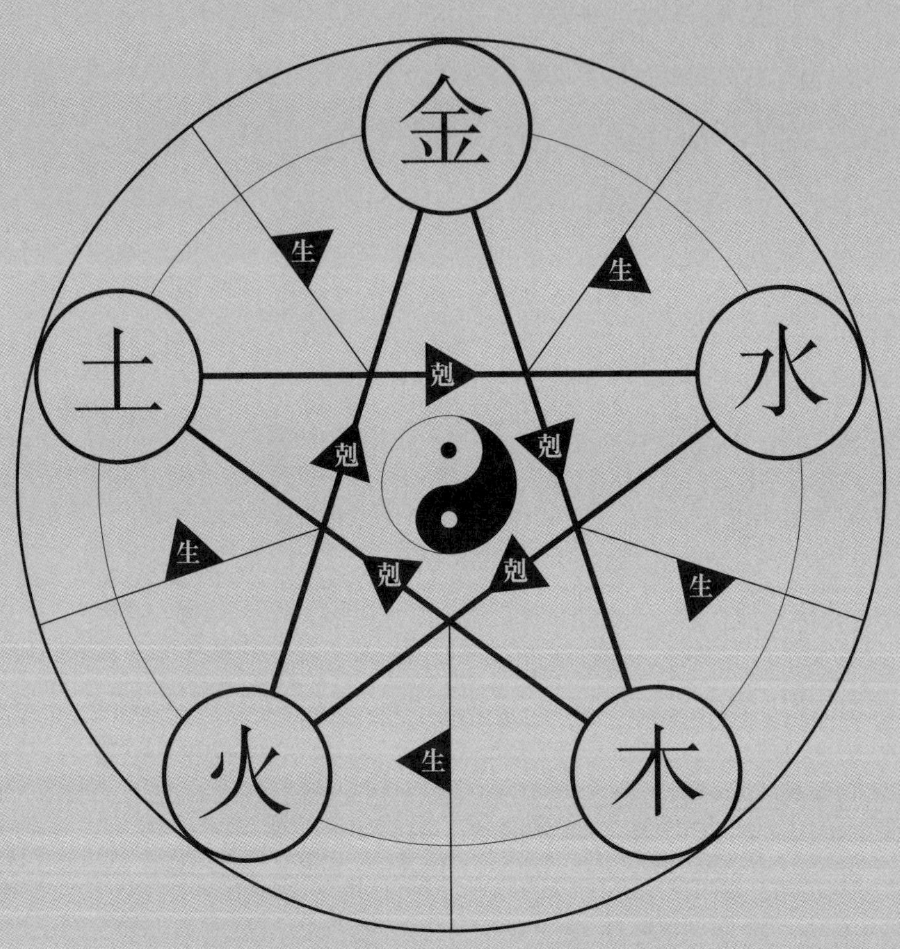

五行

「五」是陰陽和合之數，代表天地萬物交滙之象，包含了金、木、土、水、火，宇宙間的一切元素。常說人體是小宇宙，現在就看看我們的身體如何體現大宇宙的本質：用來感知體外的五官（眼、耳、口舌、鼻、皮膚）、身軀向外呈五角星形發展的頭和四肢、每隻手腳盡頭長出的五指五趾、體內呼應五元素的五臟（心火、肝木、脾土、肺金、腎水），以至人能嚐到的五味（酸、苦、甘、辛、鹹）、抒發情緒的五志（喜、怒、悲、恐、思）；還有指引導向的五方（東、南、西、北、中央）、用於感受物性的五色（青、赤、黃、白、黑），以及管理律動的五音（宮*Do*、商*Re*、角*Mi*、徵*Sol*、羽*La*）等。人類思維一直以五這個數為基礎水平，除不盡的五數是四方的中心點，也就是統領四方運行的主腦。

「行」是物質建基於填補空缺的持續運動，舉世知名的中國武術太極拳，由道教張三豐於元末明初時所創，運用陰陽變化、相生相剋，達到以靜制動、以柔剋剛的超然境界，把滴水可以穿石的哲理煉就成一套令世人敬仰悅服的功法。陰陽互動，此消彼長，相反亦相成，萬事萬物盡皆依循這個規律發展變化，生生不息，朝着永恆進發。歷代智者如焦耳（*James Prescott Joule*）、達文西（*Leonardo da Vinci*）都曾積極研發永動機試圖破解永恆之謎，時至科技發達如此的今天，永動機還是未能被成功製造出來，證明天道又豈是人為所能及。

在五行之中，你想不行也不行。

金行

金

「除非太陽從西面升上來吧！」那樣的拒絕是多麼的無情和鐵定的。離地球最近的金星偏偏就要不跟大隊，由西向東轉，也即是從金星的角度看，日出西方、夕陽東下才是常理，在太陽系這個大家庭中是名副其實的反斗星。《尚書·洪範》中提到「金曰從革」，改革就是希望變得更好，把雜質清除止於至善，堅定不移的決心讓「金」固執的穩定性抵受着巨大的地心吸力，壓力愈大密度愈高，在天然物質中，以風靡萬千追求抗氧化的女性、火煉都不會變色的純金（*pure gold*），以及比鑽石硬度高出約1.5倍的六方金剛石（*hexagonal diamond*）最具代表性，這些原料跟我們身處這個一切皆會成為過去的世界並不相符，和我們的時間脱軌。閣下頸上閃亮的金鍊，有可能是盜墓者從公元前二千年古埃及一位身份顯赫的某某頭骨上拔下來的義齒；也有機會是在二戰時期，曾被變賣換取當時極其珍貴的兩條麵包，勉救了全家性命不致飢餓致死的一隻結婚金指環。

金行

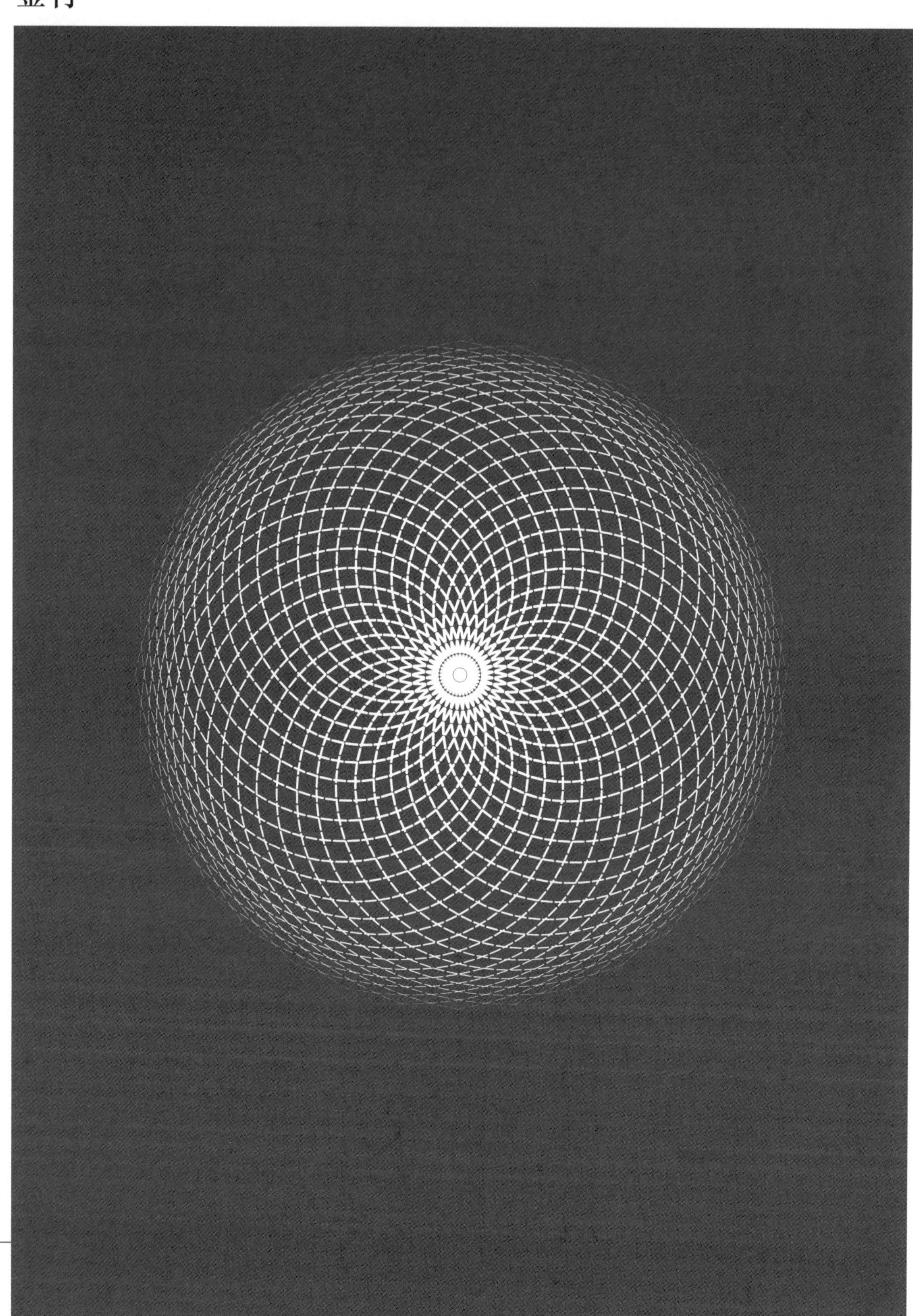

名字響噹噹的齊天大聖孫悟空，性格反叛的程度可謂無人能及，金剛不壞之軀刀槍不入，火燒雷劈也難以傷其分毫，即使玉皇大帝也不放在眼內。孫悟空愛金，到龍宮奪寶看上的大都是金器，金箍棒、鳳翅紫金冠，再來一件鎖子黃金甲，搖身一變立即由其貌不揚的猴子變成霸氣十足的美猴王。黃金需要清除雜質才純，要馴服敢與天庭作對的齊天大聖，便要為他提純，經過千錘百煉後的悟空，最終戰勝自己修成正果，被如來佛祖封為鬥戰勝佛。

《象緯新編》：「五行之生，惟金生水為難。明蓋五金何能生水？然不知金為氣母，在天為星，在地為石，星為氣之精，石為氣之形，水生於氣之聚也。天地之氣交，則石生雲而星降雨矣。故有雨之夜，星不見焉。」又按《天文志》：「以星動搖而為風雨之候，石津潤而為雨水之應，此非金生水而氣化之義歟。五行以氣為主，是以五行之序，以金為首也。

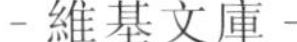

木行

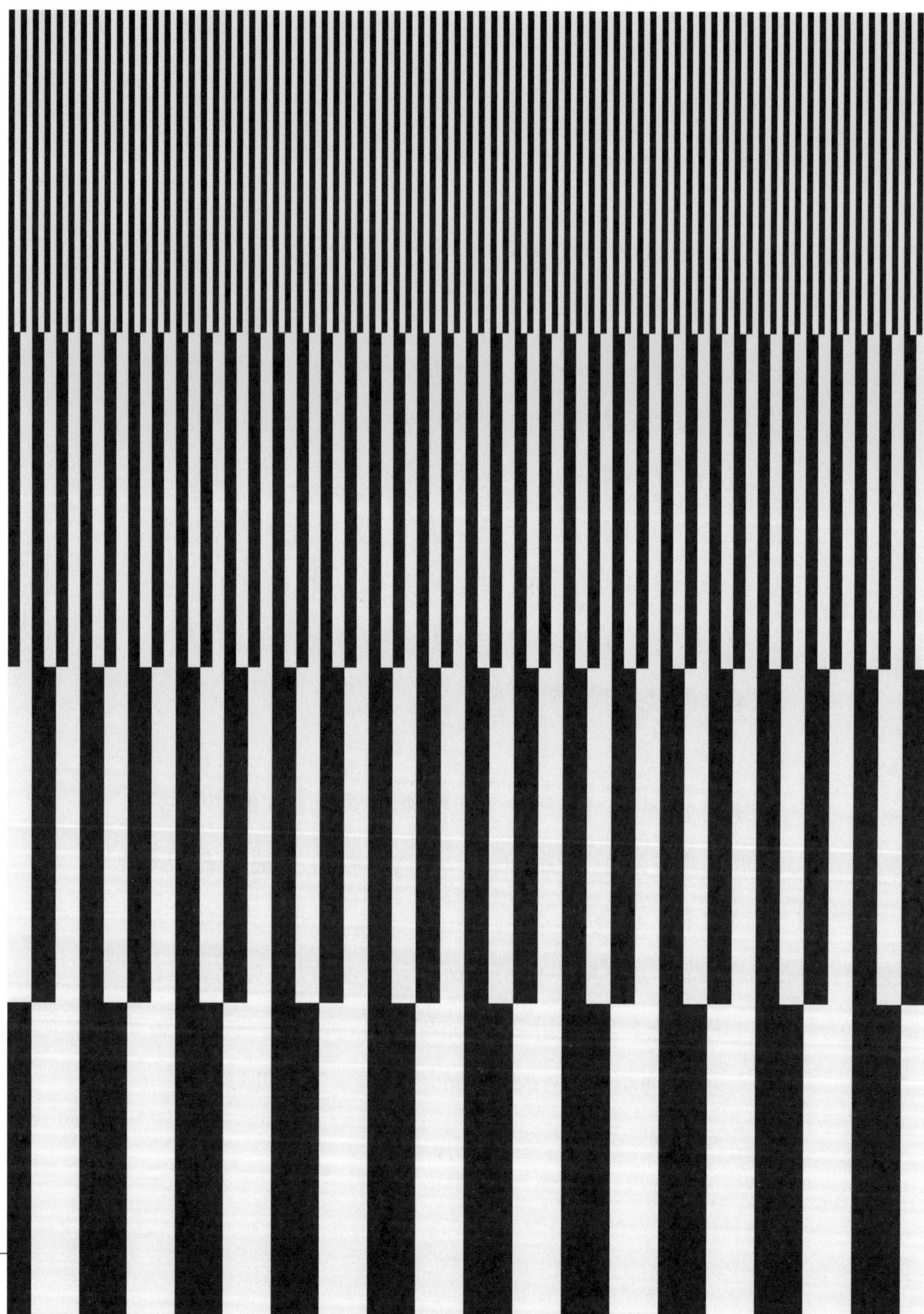

木

另一種元素同樣擁有抵抗地心吸力，努力向高空發展的特質，但以溫和的方式進行──「木」。沒有其他形式的存在比「木」更明白勉強沒幸福的道理，自願套上見肉生根的金剛圈，還要一年套一個，好好的管束自己，以疊羅漢式結構築起一條通天隧道，為求一飛沖天，「木」無所不用其極。葉子中含有微量黃金的桉樹（尤加利樹 *eucalyptus*），霸道作風可以媲美猛虎，物種所到之處寸草不生，是名副其實的森林王者。桉樹充滿油脂的身軀，會在時機成熟時借天火自焚，把整片屬地付諸一炬；火燒不壞的桉樹種子，卻在沒有其他植物阻擋陽光下的焦土中茁壯成長，如此這般一代一代完成使命後，化為輕煙一縷在天上重遇。

一種在海拔700-2100米的懸崖峭壁的石縫中，餐風飲露，在極端惡劣的條件下生長的白堊紀孑遺植物，被稱為百木之長──崖柏，不必借用金的能量轉化成木化石或結晶去延續生命，而是利用油脂為它提供抗逆能

木行

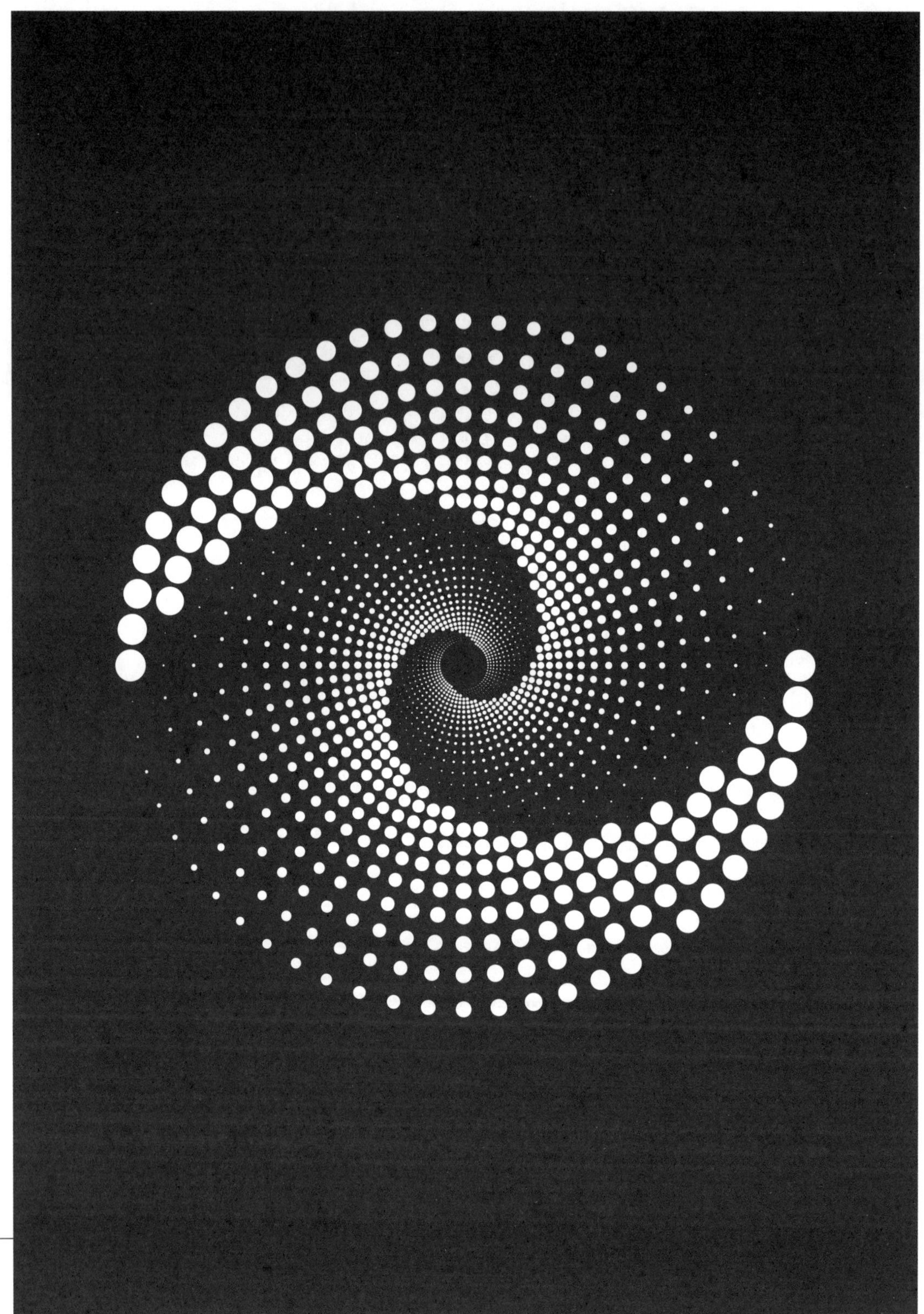

力，令生命周期不斷延長，經歷千年萬年的滄桑變幻，退去枝葉、收起抓緊泥土的樹根，堅持以「木」的優雅崇高姿態懸在半空之中獨自修行，自燃心香直至炭化升上九天。

開花結果、生生不息，木體的繁殖方法惠及八方，人所皆知，但植物有逆境開花的天性便只有和植物同呼同吸的農民才會懂得。得到日光普照，營養過盛、水分充沛的舒適環境，令樹勢強勁，愈長愈旺，已經長得綠油油的果樹卻總是不肯開花。不想苦苦栽培的一代中看不中用，只要在樹幹刻上一刀，讓它感到生命即將受到威脅，在不留種便可能滅門的危機下，便會立即啟動傳宗接代的程序，加快步伐完成天職。

《管子·權修第三》：「一年之計，莫如樹穀；十年之計，莫如樹木；終身之計，莫如樹人。一樹一穫者，穀也；一樹十穫者，木也；一樹百穫者，人也。」

土行

土

修行者經常以塵世來形容這個世界，天上的神仙犯錯會被懲罰而墜入凡塵，那些漫無目標四處飛揚、來自世界各地不同物種的碎屑幾乎充斥着所有空間，當塵埃落定，就會成為土。土不但接收了墮落的神仙，一切被遺棄的東西都能在土裏找到安身之所，平等對待所有賓客，同甘共苦，沒有任何單位可以獨善其身。在土行中，互助團結是唯一出路，以犧牲小我完成大我的精神去造就一件產物的誕生，方能讓小土成功轉化從新出發。

《晉書·天文志》：「天圓如張蓋，地方如棋局」。天是圓的無庸置疑，但「地方」這個一直被沿用作為指定地面某個特定區域的常用詞，現代很多人不學無術甚至認為地是方的可能只是一種概念，或解讀為把地劃分成方形是人類使用土地時配合實際用途。其實地是方的和天是圓的説法同出一轍，方圓都是形狀，在乾涸的土地，你會清楚見到土行的實現，失去水分紓緩，土便

土行

會緊張起來開始撕裂，縱橫交錯的縫隙把地面分組成個別的方塊，這個現象證明了土本來就是以方的程式進行，和人為無關。而孟子所說「無規矩不成方圓」，規是圓規，矩是一橫加一直的直角尺，是指無拘無束之下便沒有準則、無法可依的意思。

中國的風水學上，土元素的處理是整個格局的重點所在，把土安置在適當的地方，不但能打好根基，還能預設一張軟墊為將會出現的衝擊卸力。土生土長，不論生前死後，土都是人類的家，祖先墓地對後人影響深遠，更加不容忽視。風水學以人為本，一門由歷代先賢集智而成的學問理應受到尊敬和高度重視，但願越來越多擁有開濶胸襟和視野的年輕一代，能摒除舊有觀念，深入研究探討一下中國玄學，究竟是老套抑或是無價之寶。

水行

水

參禪，是我們學道之人的必修科目。禪師會出奇不意一招把你的思維以技術性擊倒，給你一刻遁入空門的機會。至愛的浩瀚師父自幼沉浸於中國傳統文化，詩詞曲賦樣樣精通，就是記性方面靈光乍隱乍現，尤其是英文更被視之為禁忌，總記不住徒兒的外文名，於是賜給他們比如噏神（*Gibson*）、聶聶（*Venus*）、亞安（*Fion*）等易記或形象化的外號。我們偶爾會利用這點虛位，用英語傾談一些小秘密，妄想躲開師父的神通瞞天過海。

記得有一次，在學堂打坐完畢睜開眼睛，赫然發現眼前的白板寫着：「參：她大部分加你和我」。師父出題，師兄弟們逐一上前寫上心目中的答案：宇宙、母親、佛祖、觀音、女媧、意識……，自信滿滿的我用肯定的力度寫上了「海」，然後返回坐位靜候佳音。一如既往，師父在萬眾期待下施施然從房中走出來，看過白板上寫着大大小小的答案，不自覺地嘴角閃出半個微笑，高聲說：「答案是……」，接着大筆一揮，寫了一個英文拼音字：*shui*。

水行

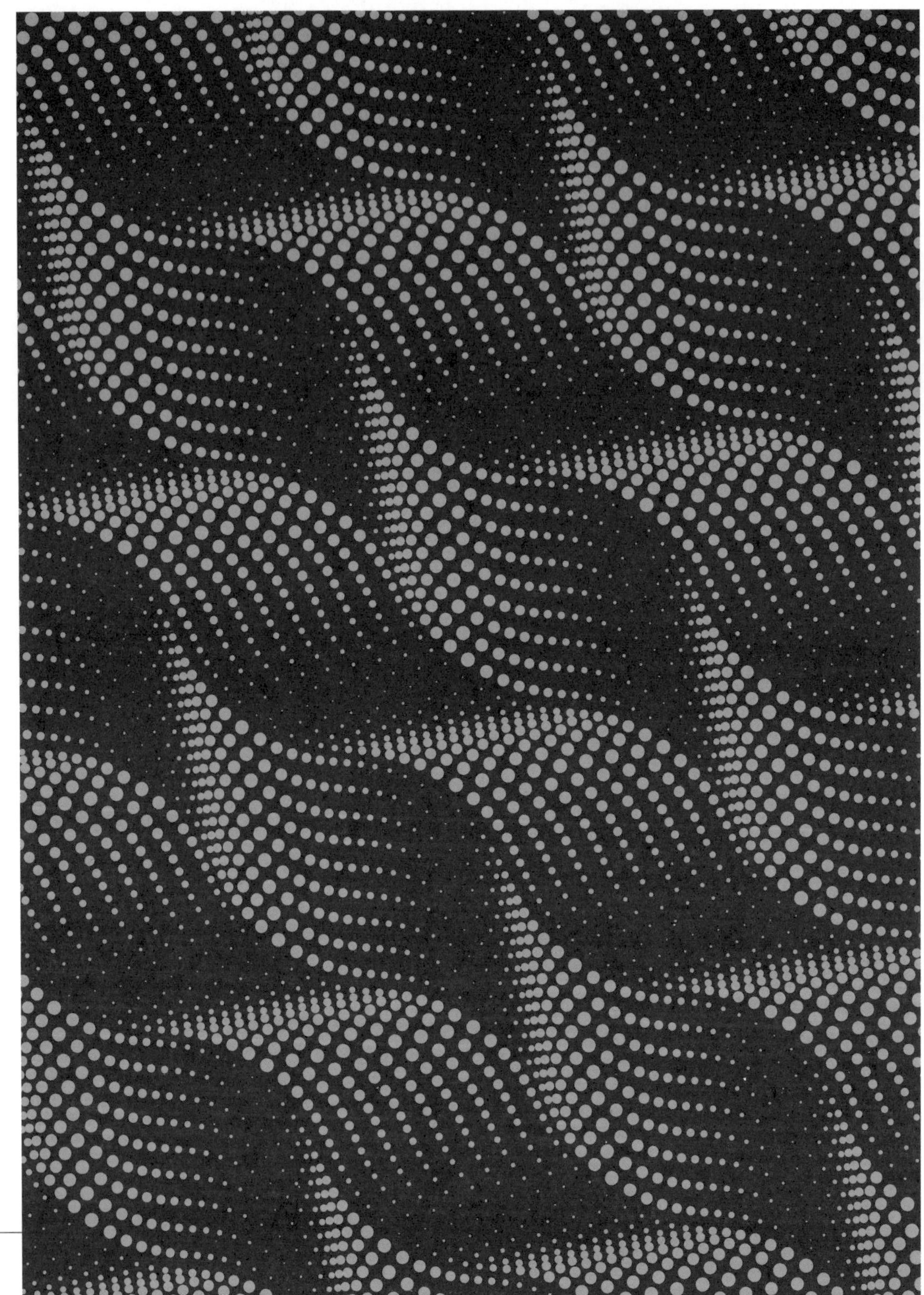

虛實難分的師父經常令我們一班徒兒啼笑皆非。五行中，以水最不靠譜，然而水生萬物，是生命之源，卻又非靠不可。水性無常，分解、融和、淨化、複合，配合所有程式彈性處理，永遠恰如其分；水若游龍，愛自由，上天下海任漂移；水法無邊，無處不在，化生萬物蘊藏大愛。

願與同道中人分享三則禪門公案：

我的師父是誰

我是誰

是誰

火行

火

火行，就是以極高速度釋放熱能的運動，在快、狠、準的條件下一觸即發，歸心似箭把一切能帶走的都帶走，無需得到對方同意便一意孤行；只要時運一到，被火看上的都會瞬間登上火箭直上九霄。火之威猛，甚至能剋制五行中最堅硬的金，其陽剛之氣猶如帶着千軍萬馬衝入陣地，像龍捲風般無堅不摧，自古崇拜者眾，大規模的祈求火神助戰，小規模的希望火旺業興，百姓則只願家宅平安、無災無禍。

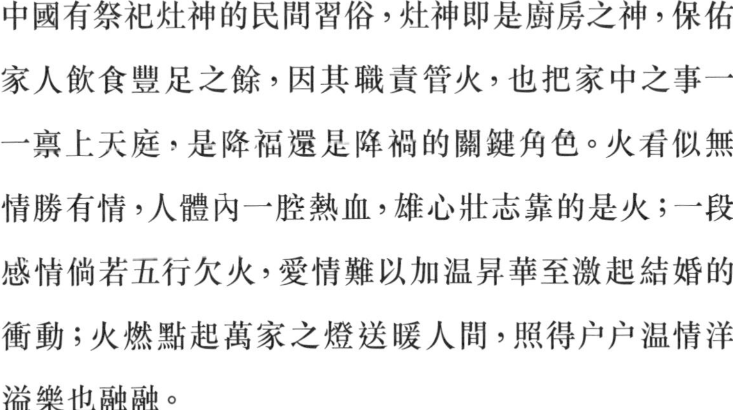
中國有祭祀灶神的民間習俗，灶神即是廚房之神，保佑家人飲食豐足之餘，因其職責管火，也把家中之事一一稟上天庭，是降福還是降禍的關鍵角色。火看似無情勝有情，人體內一腔熱血，雄心壯志靠的是火；一段感情倘若五行欠火，愛情難以加溫昇華至激起結婚的衝動；火燃點起萬家之燈送暖人間，照得户户溫情洋溢樂也融融。

火行

火控制得宜能造福萬物，可是駕馭以光速飛行的列車談何容易。我們形容火災用「失火」之詞，失並非「得失」的失，而是「失控」的失；那麼，火失控了救的是人，為甚麼不「滅火」反而要「救火」呢？火是陽的使臣，不能滅只能救，救火的目的是要讓它回復正常運作別再失控，往後還有很多地方需要關照。

在中醫學理論上，心屬火，修道之人最着重修心，各式各樣的慾望成為心火的助燃物。忠告各位城市道人：心火不能失，滅火不如救火，此乃俗世道場的巧妙之處也。

八卦

八卦方位圖

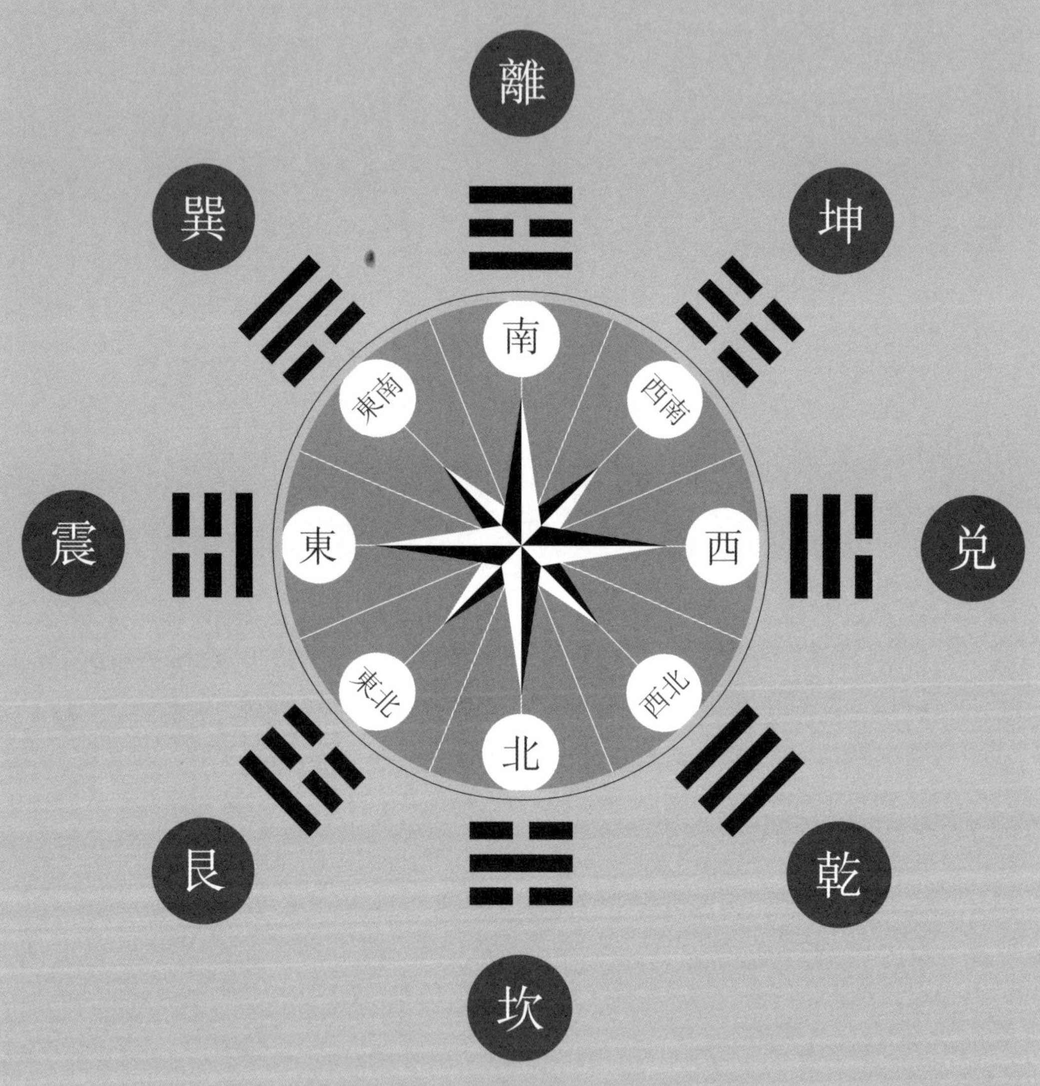

八卦

奇門遁甲斷證以陰陽、五行、八卦為基礎，八卦應用方面，兼先天、後天兩組並行，推算當中差距才能得出精準判論，從現實中生物雙眼視覺（*binocular vision*）的生成與周圍環境相互配合，便可明白此乃大自然法則。雙眼視覺是指生物左右各一的眼睛，視野範圍各有差異，重疊的圖像傳送至大腦再進行整合，進而產生精細的立體視覺。先天八卦和後天八卦在推算以至化解問題上是融合輔助的關係，乃不能分割、影響至深的單一整體。用心牢記先天八卦和後天八卦在九宮的排列位置，是學懂奇門遁甲必要一環。

乾卦九宮對應圖

4	乾 ☰ 9	2
3	5	7
8	1	6

先天乾宮

後天乾宮

乾 陽金

乾卦象義

天 元 始 陽 光 明 正 大 堅

強 法 實 空 廣 剛 動 頂 上

前 清 晴 朗 皇 父 南 西北

兌卦九宮對應圖

兌 ☱ 4	9	2
3	5	7
8	1	6

先天兌宮

後天兌宮

兑 陰金

兑卦象義

月 亮 聲 音

樂 缺 放 快

爽 利 落 破 開 機 貴 欣 喜

淨 白 潔 澤 少女 東南 西

離卦九宮對應圖

4	9	2
離 ☲ 3	5	7
8	1	6

先天離宮

4	離 ☲ 9	2
3	5	7
8	1	6

先天離宮

離　火

離卦象義

日　光　亮　照　熱　閃　耀　榮　極

虛　幻　影　奇　怪

突　上　尚　名　高

麗　艷　烈　紅　紫　中女　東　南

震卦九宮對應圖

4	9	2
3	5	7
震 ☳ 8	1	6

先天震宮

後天震宮

震 陽木

震卦象義

雷 電 律 動 頻

符 起 沖 升 勇

勁 猛 力 創 建

築 興 搖 移 揚

隆 功 祿 綠 長男 東北 東

巽卦九宮對應圖

4	9	巽 ☴ 2
3	5	7
8	1	6

先天巽宮

巽 ☴ 4	9	2
3	5	7
8	1	6

後天巽宮

異 陰木

巽卦象義

風 色 彩 氣 温 飛 飄 柔 和

通 順 轉 彎 變 化 圍 管 傳

達 舒 緩 迎 入

長女 西南 東南

坎卦九宮對應圖

先天坎宮

後天坎宮

坎 水

坎卦象義

雨 海 温 冷 下

低 沉 陷 墜 凹

縮 收 內 由 如 伏 流 回 歸

慢 遲 黑 暗

中男 西 北

艮卦九宮對應圖

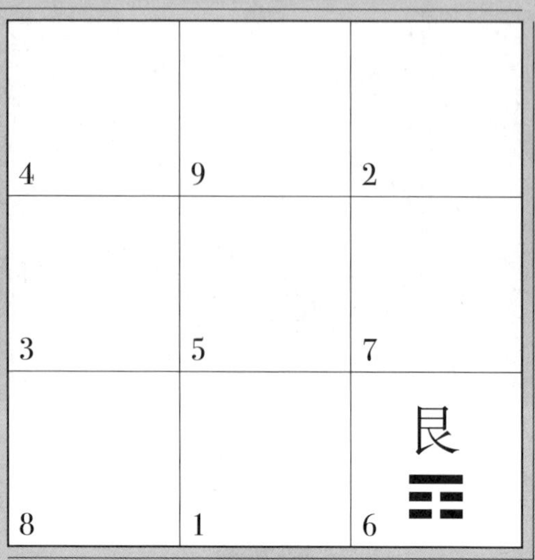

先天艮宮

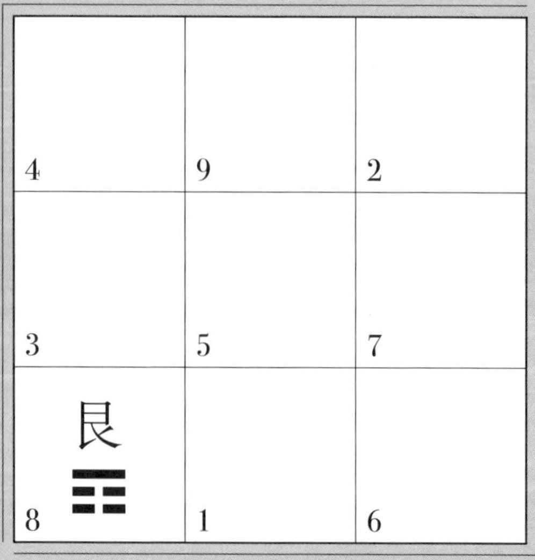

後天艮宮

艮 陽土

艮卦象義

山 田 農 重 疊 積 存 財 福 承

受 立 穩 固 佳

鎮 壓 制 止 抬

托 勞 拉 扯 凸

少男 西北 東北

坤卦九宮對應圖

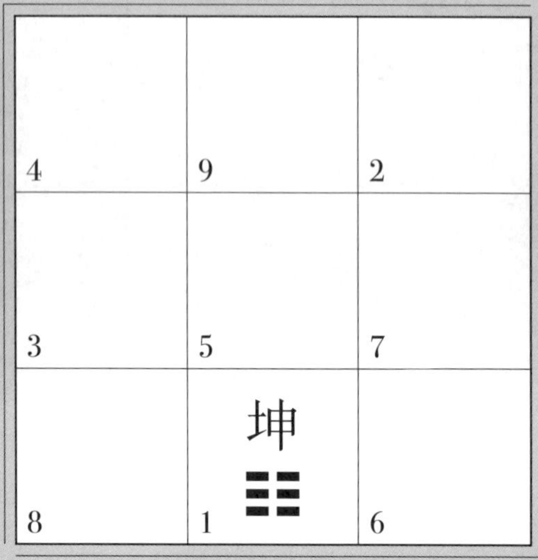

4	9	2
3	5	7
8	1 坤 ☷	6

先天坤宮

4	9	2 坤 ☷
3	5	7
8	1	6

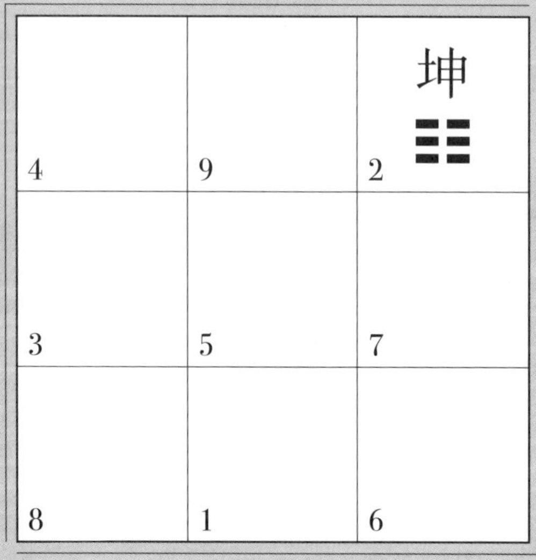

後天坤宮

坤 陰土

坤卦象義

地 玄 原 本 陰

德 融 納 負 密

多 藏 聚 集 雜

寬 潤 安 定 平

厚 大 重 均 凡

壽 后 北 西南

天干

天干

天在上主宰萬物，乃地面一切事物發展的主幹。天干，天降下來的五元素臨界劃分陰陽，即：陽木甲、陰木乙、陽火丙、陰火丁、陽土戊、陰土己、陽金庚、陰金辛、陽水壬、陰水癸，合共十天干。兵無將而不動，蛇無頭而不行，天干五行肩負推動時間的重任，十天干以特定編排分別依循次序接任首領之位，帶着團隊完成不同使命。然而事情的成敗與天干並無直接關係，奇門盤中，天干落在不同宮位與個別棋子所產生的反應作用，以及外環境對其屬性能量造成的抑揚頓挫，才是事情發展的關鍵所在。掌權者即使手下猛將如雲，假若漠視大道、不識知人善任，光桿司令亦只不過是路人甲而已。

甲首　陽木

特徵

開始　第一　高級　名貴　保衛　靠山　裝假　具影響力　有代表性　外強中乾

大自然

東方　春天　早晨　晴天　春風　風　綠色　青色

動物

熊貓　獅子　老虎　鯨魚　娃娃魚　國家受保護動物　鱉　龜　穿山甲　甲蟲　蝦蟹　蜆　螺　貝類

植物

大樹　高樹　金絲楠木　崖柏　稀有植物　名貴植物　國花　玫瑰　蓮花　梅　蘭　菊　竹

食物

酸味食品　高級食材　罐頭　包裝食品　核桃　腰果　花生　松子　堅果類　豆類　甲殼類　椰子　檳榔

靜物

玉璽　國徽　金銀珠寶　玉器首飾　頭飾　古董　文物　鋼琴　豎琴　古琴　甲骨文　象形文字　甲冑　盾牌　防彈裝備　防毒面罩　車、船防護外殼　外套　牙套　拳套　保溫瓶　保暖衣　口罩　帽子　頭盔　棺材　文件夾　公文袋　包裝盒、罐、袋、紙

景物

高樓大廈　電視塔　煙囪　高柱　紀念柱　頒獎台　高亢之地　金礦　油礦　樹林　首都　首府　首善之地　皇宮　豪宅　甲級商廈

神物

佛祖　道祖　菩薩　達摩祖師　呂山法祖　女媧　伏羲　炎帝　龍

人物

皇帝　總統　主席　首領　元帥　武士　名人　總裁　校長　老師　長輩　樂團指揮　冠軍人物　種子運動員　棟樑之材

人物外表

身形修長　高直　高瘦　國字口臉　皮膚青白　粗眉　雙目有神　體格強健

人物性格

威嚴　自負　獨斷　頑固　虛偽　敦厚正直　心高氣傲　處變不驚　有條不紊

人體

頭　頭髮　皮膚　臉　眼　指甲　腳甲　大拇指　腳趾公　肝　膽　筋

乙奇 陰木

特徵

柔軟 柔弱 彎曲 轉彎 轉折 糾纏 依附 有氣無力

文化藝術 曲折的希望

大自然

東方 春天 早晨 晴天 風 月亮 彩虹 綠色

動物

毛蟲 蚯蚓 蟮 海參 蛇 轉彎的條狀動物 孔雀 天鵝 山雞

漂亮有藝術成分的鳥類 蝴蝶 飛蛾 兔子

植物

花 草 短小樹木 矮小果樹 柳樹 豆苗 瓜苗 菜苗 菩提苗

爬牆虎 牽牛花 龍爪槐 藤蔓植物 冬蟲夏草 中藥

食物

魚類食品　蔬菜類食品　麵條　粉條　粿條　粉絲　藥膳　素菜

食用花　果雕　伴菜　葫蘆瓜　香腸　臘腸　鵝肝　乳鴿

靜物

藝術品　工藝品　布藝品　木雕　圖畫　太師椅　設計師椅

雕樑畫柱　門　窗　桌　椅　床　水管　喉管　排氣管　水龍頭

飲管　葫蘆　絲綢　絲帶　彩帶　絲帶花　蝴蝶結　裝飾品　香水

香體膏　香薰　香精

景物

花園　公園　草地　樹林　隧道　通道　樓梯　行人天橋　小木橋

畫廊　藝術館　圖書館　園藝社　中醫館　中藥行　温室　水耕農場

果園　美容院　幼兒園

神物

水月觀音　騎龍觀音　峨眉祖師　嫦娥　華陀　龍　鳳凰　仙鶴

人物

女人　元配　妻子　小孩　中醫　醫生　護士　幼兒園教師　藝術家　花藝師　園藝師　畫家　設計師　室內設計師　美容師　藝人　作家　傭人　替工

人物外表

身形修長　身材苗條　瘦小　弱小　有氣無力　皮膚青白　微駝身　長臉　彎眼　兔牙

人物性格

温柔體貼　仁慈　包容　敏感　猶豫　依賴　自私自利　小器　膽小　逆來順受　無理取鬧　沒有主見

人體

頭髮　眉毛　肝　膽　手　肩　頸　足　腸　血管　神經　淋巴　陰道　陰莖　輸精管　輸卵管

丙奇　陽火

特徵

亂子　爭鬥　權力　雄威　剛猛　亂後的希望　光明　火熱　圓形
片狀　球狀　空虛　不長久　文書　政治

大自然

南方　夏季　晴天　中午　太陽　炎熱　強火　光　紅色

動物

馬　驢子　公牛　野豬　公雞　衝動型的動物　豬　河馬　河豚
海牛　海象　體形圓潤的動物　蟋蟀　鬥魚　火烈鳥　朱鷺　紅蟹
血鸚鵡

植物

一品紅　大紅花　映山紅　火球花　木棉花　芙蓉葵　紅掌　大花葱
西瓜　南瓜　白瓜　紅瓜　帶柄生果或瓜類

食物

蘋果　橙　火龍果　山竹　番茄　紅色生果　蛋黃　湯圓　炸甜圈

煎堆　薯片　炸蝦片　餅乾　水泡餅　薄餅　大肉包　月餅

靜物

煤　炭　灶　火爐　燒烤爐　焗爐　煤氣爐　大炮　炸彈　手榴彈

火箭　球場燈　大光燈　紅燈籠　變壓器　壓力煲　車頭燈　喇叭

手碟　鼓　鑊　平底鑊　餐碟　圓桌　眼鏡　望遠鏡　天文望遠鏡

電視　電話　乒乓球　足球　籃球　呼啦圈　水泡　輪呔

景物

廚房　電站　電廠　煉鋼廠　化工廠　光猛之地　向陽之地

不長草高地　高嶺　陽台　球場　戰場　賽場　電競館　鬥獸場

神物

炎帝　祝融　關公　紅孩兒　火鳳凰　火麒麟

人物

有領導能力的人　政治家　官員　將軍　有權力的人　公安　警衛
執法者　脾氣暴直之人　義士　代工　男子漢　男性第三者
煉鋼工人　電廠工人

人物外表

短髮　髮質粗硬　染紅髮　小鬍鬚　圓臉　面色紅潤　白裏透紅
艷麗　體形豐滿

人物性格

勇猛強悍　有正義感　性情暴躁　急性子　霸道　愛欺負人
缺乏耐力　佔有慾強　虛榮　空虛

人體

眼睛　唇　心臟　血液　血小板　小腸　臀部　腫痛　發炎　熱症

丁奇　陰火

特徵

直接的希望　鋒利　缺口　閃光　閃亮　快速　帶刺　頂尖　突出
尖鋭　執着　小粒狀

大自然

南方　夏天　早晨　晴天　星星　星光　磷光　紅色

動物

黃蜂　馬蜂　竹蜂　蜜蜂　蜂鳥　啄木鳥　蚊　蒼蠅　牛虻　跳蚤
蠍子　蝦　刺蝟　箭蛙　蛇　螢火蟲　螢光魚　安康魚　夜光藻
烏賊　水母

植物

松樹　棗樹　柚子樹　仙人掌　蘆薈　月季　玫瑰　夜光樹　燈籠樹
榛子　板栗　小麥　小米　小豆

食物

紅毛丹　榴槤　大樹菠蘿　蓮子　川貝　紅棗　杞子　紅豆　綠豆

鷹嘴豆　士多啤梨　葡萄　紅石榴　紅椒　香煙　雞丁　肉丁　紅酒

靜物

身份證　住户證　車票　單據　刀　槍　子彈　劍　箭　針　注射器

小刀　手術刀　剪刀　釘子　圖釘　圖書　圖畫　簽名　證件　證書

合約　簡單文件　票據　蠟燭　香火　煙火　燈火　打火機　電筒

熱水器　電熱水袋　充電器　電話　小電器　電子產品　酒杯　珠子

景物

屋頂　屋簷　屋角　廚房　塔　尖塔　避雷針　斜路　十字路口

路口　牆角　公證處　登記處　售票處　燈飾店　香燭店　捐血站

神物

燃燈佛　何仙姑　電母　龍女　灶君　朱雀

人物

少女　後代　子女　情人　玉女　第三者　歌星　燈光師　妓女
售票員　驗票員　牙醫　抽血員　漂亮之人

人物外表

額寬　瓜子臉　髮質細長　皮膚粉白　秀麗清高　櫻桃小嘴
目光銳利　愛露齒

人物性格

主觀　柔弱　小鳥依人　和順而有心計　體貼　細心　牙尖嘴利
說話咄咄逼人　守株待兔　觀察力強

人體

心臟　眼　嘴　乳頭　牙齒　細骨　陰莖　血液　血壓　血管　骨刺
紅疹　青春痘

戊儀　陽土

特徵

土地　高物　包容　中正　規矩　厚德載物　速度慢　金融　經濟
錢財　資本　房地產　風水　地理

大自然

五黃中土　西南　四季　陰天　雲　厚雲　雲彩　霧　黃色

動物

大象　河馬　熊貓　豬　牛　企鵝　田鼠　土撥鼠　田雞　牛蛙　駱駝
土狼　山狗　沙鼠　角羊　鴕鳥　樹獺　樹熊

植物

多肉植物　大葉植物　番薯　木薯　紅薯　馬鈴薯　芋頭　山藥
芭蕉　紅蘿蔔　青蘿蔔　白蘿蔔　西瓜　南瓜　青瓜　矮瓜　木瓜
冬瓜

食物

肉乾　肉丸　肉扒　肉腸　肉包　方包　大包　蔗糖　冰糖　沙糖
各式糖果　甜品　蛋糕　包點　糕點　慕絲　布丁　忌廉　巧克力

靜物

實際不花巧的土製品　陶製品　瓷製品　碗　碟　杯　盆　缸　水泥
花泥　地磚　牆磚　牆布　牆紙　地毡　地墊　瓦片　瓦頂　金錢
貨幣　水晶　瑪瑙　玉器　陶笛　錢袋　錢包　手提包　書包　背囊
公事包　旅行箱　包袱　購物袋　貯物箱　收納器　貨櫃

景物

牆壁　橫樑　大廳　起居室　未裝修的房間或建築物　中介所
中央地帶　房屋　田基　水泥廠　造磚廠　地皮　無水土地
黃沙萬里　小山崗　高山　墳地　陵園　四合院　銀行　房管局

神物

彌勒佛　地藏王　茅山祖師　財神　土地公　龍　三腳蟾蜍

人物

銀行從業員　採礦從業員　金融顧問　地產經紀　媒人　中介人

傳銷商　老人　農民　會計　地產商　農副產品經營者

人物外表

體形肥胖　厚肉　形態敦厚　走路緩慢　皮膚黃白　方形臉

土頭土腦　衣著正規

人物性格

踏實　忠誠　待人寬厚　守時　守信　不變通　愚笨　憨直　向錢看

反應遲緩　不愛運動　心情沉重

人體

鼻　唇　臉　肌肉　皮膚　胸部　臀部　腹部　大腿　大腦　胃　脾

前列腺　糖尿　腫瘤

己儀　陰土

特徵

屈曲　卷曲　盤旋　曲折　不見光　慾望　邪念　策劃　籌備　廣告　創意　層層阻隔　歷史　記憶　打坐　氣功

大自然

西南方　中央　四季　陰天　陰濕　烏雲　黃色　淺黃色

動物

兔　貓　龜　鼠　休眠中的動物　蝸牛　章魚　蟒蛇　犰狳　穿山甲　食蟻獸　刺猬　象　捲尾猴　象鼻蟲　海馬　鸚鵡螺　田螺　海螺

植物

白千層　紅千層　洋葱　白菜　生菜　椰菜　捲心菜　豆芽　百合　菊花　蟹爪菊　蟹爪水仙　睡蓮　蕨菜　捲葉吊蘭　彈簧草　含羞草

食物

蛋卷　春卷　日式卷物　肉卷　花卷　銀絲卷　千層糕　千層麵
千層酥　奶酥　酥餅　螺絲粉　豆結　龍鬚糖　零食　雜食

靜物

陀螺　風車　風扇　摩打　電線　麵團　繩球　暖氣管　銅管樂器
百頁簾　旋轉滑梯　旋轉木馬　地球儀　渾天儀　象牙球　蒲團
睡袋　捲髮器　髮捲　穢物　髒衣籃　垃圾　垃圾袋　垃圾箱　糞便
馬桶　膠紙　花式膠帶　橡皮膠　矽膠胸墊　軟膠鞋墊　樹脂工藝品

景物

廁所　公廁　垃圾房　廢物收集站　膠樽回收箱　濕貨市場
濕地公園　歷史博物館　二手市場　下水道　地溝　低窪地　地下街
地下商場　色情場所　迴旋處　多層停車場

神物

女媧　伏羲　九天玄女　壽星公　孫悟空　諸葛武侯　蟠龍

人物

拜佛之人　瑜伽師　陶瓷工藝師　紡織工人　廣告人　公關　妓女
市場策劃員　項目策劃師　農民　服務員　清潔工　傭人　貓奴

人物外表

嘴臉內凹　身形單薄　身體彎曲　圓臉　嘴唇偏薄　兜下巴
聲音渾濁　瘦弱醜陋　憂愁之相

人物性格

謙虛　温順　聰明　喜沉思　吝嗇　寡言少動　心思細密　靈活多變
花花腸子　阿諛奉承　優柔寡斷

人體

神經　小腦　嘴　耳珠　肚臍　乳頭　肛門　腸　脾　胃　骸骨　皺紋
肉粒　肉瘤　腫瘤

庚儀　陽金

特徵

堅硬　剛強　超一流技術　技術過硬　無法攻破　阻礙　大阻隔　不通順　打鬥　戰爭　武術

大自然

西方　秋天　傍晚　肅殺　雷電　雷擊　颱風　龍捲風　地震　海嘯　白色

動物

熊　鱷魚　鯊魚　獅子　老虎　巨蟒　毒蛇　狼　獵犬　山貓　野豬　藏獒　龜　穿山甲　甲蟲　蠍子　石頭魚　鮑魚　牡蠣　鱟　蟹　蜆

植物

百年古樹　巨杉　雪松　根幹粗大的樹木　桉樹　鐵樹　豬籠草　夾竹桃　白蛇根草　毒芹　顛茄　見血封喉　合桃　椰子　榴槤

食物

雞蛋　鴨蛋　鴕鳥蛋　堅果　硬殼水果　鰹魚乾　法包　甘蔗　豬骨
牛骨　大閘蟹　皇帝蟹　螳螂蝦　龍蝦　死神辣椒　魔鬼咖喱
地獄拉麵　烈酒

靜物

重金屬　生鐵　鐵鑊　不銹鋼煲　金屬玻璃　金屬製品　大刀　牛刀
刀槍器械　弓箭　車輛　飛機　石頭　石磨　石獅子　石獸　石製品
碾子　門窗　車輛　火車　電車　大貨車　貨櫃　貨櫃車　坦克車
飛機　航空母艦　編鐘　鑽石　水晶　毒品

景物

鋼鐵廠　礦山　關卡　路障　收費站　鐵絲網　鐵欄　鐵閘　城牆
石牆　石墩　道路　鐵路　拳館　武館　公安所　警衛室　動物園

神物

太白金星　孫悟空　雷公　尉遲公　秦瓊　張飛　白虎

人物

丈夫　軍人　警察　警衛　強盜　強人　義士　敵人　運輸工人

鐵道員　鋼鐵工人　龍虎武師　拳師　健身教練　本領高強之人

人物外表

身形修長　骨格雄壯　外型威武　孔武有力　瘦長臉　皮膚白淨

人物性格

思覺敏銳　有魄力　有氣概　意志堅定　性格硬朗　手段兇殘　殘暴

獨來獨往　嚴重野蠻　不易接受他人意見

人體

頭骨　骨頭　肩背　腰椎　肺　大腸　呼吸系統　皮毛　劇痛　癌症

辛儀　陰金

特徵

錯誤　問題　改革　創新　變化　轉換　轉折　關鍵　叛逆　犯罪

不平整　花樣多　粒狀物

大自然

西方　秋天　傍晚　露珠　雷電　雷聲　白色

動物

小老虎　蚤子　蚊　螞蟻　小蜘蛛　小蟑螂　變色龍　螢光魚　波斯貓

吉娃娃　臘腸狗　鬥牛犬　迷你豬　基因變異的動物

植物

穀　米　小麥　粟米　花生　小米　豆　米蘭　滿天星　茉莉

龍珠果　山稔　龍眼　葡萄　藍莓　染色鮮花　五彩蠟梅　永生花

食物

芝麻　脆米　花生　朱古力豆　藥丸　玫瑰味葡萄　無籽西瓜
去毛奇異果　基因改造食品　精製肉　味精　牛肉精　豬肉精

靜物

小金屬　小石　金錢　金銀珠寶　寶石　珍珠　玻璃珠　耳飾　戒指
手鍊　項鍊　佛珠　玉器　工藝品　貴重物品　樹脂工藝品　骨瓷
小刀　剪刀　菜刀　凶器　鑰匙　螺絲　鐵釘　書釘　調音器
拾音器　獎牌　保險櫃　不銹鋼門窗　水泥　鋁材　工程塑料

景物

銀行　五金廠　五金店　首飾廠　金屬工藝品廠　化工廠　道路
監獄　看守所　懲戒所　再培訓中心　交通樞紐　調度室　控制室

神物

彌勒佛　孫悟空　哪吒　閻羅王　二郎神　鍾馗　門神　白龍馬

人物

革命者　改革者　不守規則者　經常犯錯的人　罪人　罪犯　兇手

管理員　監管人　鐵路調道員　航空調道員　調酒師　化學家

人物外表

長臉凹腮　身形修長　皮膚白嫩　吹火嘴　牙齒外露

人物性格

性格反叛　富創造力　易變　意志薄弱　虛榮心強　自我中心

溫潤秀氣　說話很絕

人體

牙　小骨　頸椎　腰　肺　呼吸系統　睪丸　皮毛　骨刺　肉粒　屍體

骸骨

壬儀 陽水

特徵

移動 變動 流動 運輸 迷茫 智慧 遮蓋 蘊藏 繁殖 孕育
技術 數學 勇猛 熱烈 熱鬧 凶險 沒有規則

大自然

北方 冬季 晚上 雨天 下雪 結冰 寒冷 黑色 深藍色

動物

魚 珊瑚 龍蝦 螃蟹 海龜 螺貝 海星 海馬 海龍 海參 海膽
海綿 海蛇 水母 北極熊 海獺 海豹 海豚 鯨魚 鯨鯊

植物

荷花 蓮花 水仙 海棠 水燭 浮萍 水葫蘆 水竹 冰菜 慈姑
馬蹄 水葱 水芹 菖蒲 苦草 菱角 海帶 海藻 蘆葦 馬鞍藤

食物

紫菜　水雲　魚蛋　章魚丸　花枝丸　魷魚絲　魚翅　花膠　海鮮

河鮮　海味　海蜇　生蠔　刺身　雪條　雪糕　刨冰　冷凍食品

靜物

淨水　自來水　冰　雪櫃　冰櫃　蒸餾水　蒸餾水機　水管　水喉

燈罩　窗簾　門簾　浴簾　蚊帳　床罩　被子　杯蓋　煲蓋　滅火筒

消防車　消防喉　消防用品　魚缸　釣魚工具　遊艇　遊輪　渡海小輪

船　車　貨車　旅遊車　火車　數獨機　計數機　術數書籍

景物

大海　江　河　湖　溪　瀑布　激流　運河　道路　澡堂　噴水池

魚池　泳池　水上樂園　海洋樂園　車站　機場　碼頭　娛樂場所

神物

六壬仙師　真武大帝　夏禹　姜太公　何仙姑　玄武　龍

人物

海員　船長　潛水員　漁業工作者　孕婦　泳客　運輸工人　導遊
旅行者　司機　術數師　數學家　智者　電腦程式員　圖則師

人物外表

大眼睛　雙眼皮　皮膚稍黑　長髮秀眉　走路搖擺　八字腳

人物性格

適應力強　隨遇而安　聰明　熱情　勇敢　威嚴　柔順　任性　陰險
目標不明　善變　糊塗　風流

人體

眼睛　頭髮　腦　心臟　腎　膀胱　血管　血液　大動脈　動脈　神經
腳　瘻　痣　胎痣

癸儀 陰水

特徵

慢動　困難　被困　困境　管束　制約　痛苦　遲　有雜質　變化

下方　性

大自然

北方　冬天　晚上　下雨　細雨　陰濕　寒冷　黑色

動物

青蛙　彈塗魚　蝌蚪　蚯蚓　水蛭　龍蝨　椰子蟹　河蝦　泥鰍

泥猛　田螺　蜆　烏賊　八爪魚　比目魚　魚類　鵝　鴨　鷺　翠鳥

植物

水稻　西洋菜　通菜　生菜　菠菜　茼蒿　蓮藕　睡蓮　水仙　苦草

滿江紅　菱　蘋　芡實　水龍　燈心草　水耕菜　富貴竹　紅樹

食物

油　醬　醋　鹽　糖　味噌　湯水　粥品　糖水　汽水　牛奶　果汁
豆漿　酒　乳酪　芝士　腐乳　鹹魚　泡菜　納豆　豬紅　雞紅

靜物

液體　污水　油漆　機油　汽油　魚網　魚竿　水族箱　鞋　鞋墊
腳踏　水鞋　雨傘　黑色衣服　斗篷　傘裙　太陽傘　太陽眼鏡
太陽帽　太陽油　帳篷　紙尿片　衛生巾　色情影片　性愛用品
塗鴉　顏料　水墨畫　低音號　低音提琴

景物

紅樹林　荷花池　地下水　地坑　池塘　廁所　公廁　糞池　沼澤
爛草地　泥濘　濕地　地井　水稻田　魚市場　濕貨市場　色情場所

神物

天后娘娘　媽祖　達摩祖師　姜太公　包青天　鍾馗　尉遲公　龍龜

人物

茶農　菜農　釀酒師　調酒師　酒鬼　油漆工人　清潔工人　漁民
蠔民　淫蕩之人　性工作者　窮困之人　行動不便之人　囚犯

人物外表

身形矮小　醜陋　皮膚黑　大眼　圓臉瘦肩　聲調不高　蓬頭垢面

人物性格

神經過敏　陰柔怕事　不能自主　多愁善感　淫蕩　愛哭　愛埋怨
鬼靈精　糊塗

人體

血液　尿液　精液　眼睛　眼淚　唾液　腎　女性生殖器　足　黑斑
黑痣　糖尿

地支

地支

十二地支：子、丑、寅、卯、辰、巳、午、未、申、酉、戌、亥，以大易之理「取象比類」的方法把地上一切事物歸納。真正懂得並能靈活運用「取象比類」的人，從地支訊息便可通神明之德，類萬物之情。現代人對地支的認知不外乎是中國古代計時單位和每個人都關心的屬相（生肖），在不明所以下，萬物之靈竟然肯紆尊降貴，甘願以被稱為低等動物的鼠、牛、虎、兔、蛇、馬、羊、猴、雞、狗、豬去取象比類預測運程，遇上犯太歲之年，龍扮豬、雞扮羊、鼠扮狗也絕無異議。十二生肖中有一個千古謎團，龍的出現眾說紛紜，西方認為遠古的龍就是恐龍（*dinosaur*）或現存的活化石大蜥蜴（*large lizard*）。非常值得一提的是，*dragon*這個普遍被採用為中國龍的英文翻譯詞源自拉丁語*draconem*，是指巨蛇，和中國龍的形象其實大相逕庭。作為龍的傳人確是有必要擦亮眼睛，看清楚東方辰龍的廬山真面目。

子　陽水

特徵

流動　不實　神秘　虛假　休止　影像　貪污　盜竊　桃花　謊言
玄學　深奧　智慧　賭博　旅遊　退休

大自然

北方　冬季　晚上　雨天　下雪　影子　黑色　深藍色

動物

老鼠　水母　魚　蝦　蟹　海龜　珊瑚　海綿　海星　章魚　蛇　貓
蝙蝠　貓頭鷹　穿山甲　果子狸　海龜　變色龍　寄居蟹　蝸牛

植物

水葫蘆　富貴竹　蘆葦　紅樹林　荷花　蓮花　浮萍　慈姑　馬蹄
柳樹　槐樹　蕉樹　海帶　海藻　水竹　水草　水葱　水芹

食物

雪糕　雪條　啤酒　汽水　海鮮　河鮮　海味　紫菜　奶茶　咖啡

汽水　啤酒　寒天　粉皮　河粉　海蜇　魚生　生蠔　油鹽醬醋

靜物

蓋子　被子　布匹　衣服　複製品　仿製品　模具　影印機　印章

相片　文章　圖畫　油漆　墨水　茶壺　魚缸　酒瓶　罐　盆　風筒

風扇　窗紗　門簾　浴簾　電視機　雪櫃　蒸餾水機　冷氣機

投影機　立體眼鏡　香水　精油　木炭　黑布　車　船　鐘錶

景物

臥室　浴室　地下水　溝渠　魚池　地井　河流　湖泊　大海

公園　廣場　街道　馬路　酒廊　娛樂場所　陰暗場所

神物

真武大帝　夏禹　姜太公　壽星公　何仙姑　玄武　四不像

人物

盜賊　說謊者　神秘人　會計　演員　導演　文人　作家　書法家

畫家　數學家　孕婦　胎兒　海員　漁民　導遊　司機

人物外表

長髮　瘦肩　皮膚黑　獐頭鼠目　神色不定　美麗　高貴　彎腰駝背

人物性格

性情溫順　雙重性格　能言善辯　愛說謊　高智商　沒有誠信　虛偽

適應力強　糊塗　貪心　風流

人體

眼睛　頭髮　腎　膀胱　尿液　體液　血液　生殖系統　泌尿系統

腳　癦　印

丑 陰土

特徵

神佛 負重 笨重 生長 土地 生產 哺育 利潤 詛咒 不變
任重道遠 復蘇 金融 經濟 錢財 資本 房地產 房屋 地理

大自然

東北方 四季 陰天 大霧 厚雲 雲彩 黃色

動物

牛 驢 豬 羊 雞 鴨 鵝 象 駱駝 馴鹿 雪橇犬 龜 山豬
野狗 貴婦犬 波斯貓 座頭鯨 駝背豚 工蜂 工蟻

植物

各種土種植物 各種水種植物 各種食科植物及果實 園藝植物
藥用植物 纖維植物 綠化護土植物

食物

柴 米 油 鹽 米飯 粥品 粉麵 麵包 蛋類 奶類 肉類 生果 蔬菜 瓜類 薯類 營養食品 保健食品 原味食品 傳統菜式

靜物

拜神用品 醫藥用品 糧食 建材 瓦器 農具 藥材 枕頭 床褥 被子 桌子 椅子 櫃子 金錢 貨幣 公事包 電腦 鼠標 鍵盤 手寫板 手提電話 起重機 壓力泵 千斤頂 防滑墊 隔熱墊 貨物 貨櫃 扶手 腳踏 拐杖 跑步機 划艇機 健身單車

景物

宮殿 橋樑 農場 漁場 田基 土坡 商場 商店 工廠 幼兒園 產房 醫院 台階 樓梯 地皮 房屋 銀行 墳墓 廟宇

神物

茅山祖師 壽星公 財神 土地公 善財童子 神牛 三腳蟾蜍

人物

牛童　與佛道醫卜有緣的人　長者　老實人　生產者　生意人

勞動者　山民　農民　醜婦　轎夫　搬運工人　建築工人　地產商

人物外表

皮膚黃白　鼻直口方　厚唇多肉　微彎腰　駝背　衣著樸實

形態敦厚　生龍活虎　態度誠懇

人物性格

忠厚老實　有經濟頭腦　保守　守時　勤奮穩重　活潑好動　反應快

倔強固執　小器

人體

胸部　臀部　腹部　腰　背　生殖器官　前列腺　肌肉　皮膚　大腿

大腦　脾　胃

寅　陽木

特徵

高層次　高級　高尚　保衛　名貴　名氣　豪華　貴重　具影響力
有代表性　品質優良　稀有　外強中乾　權力　管制　向上　上天

大自然

東北方　春天　早晨　晴天　風和日麗　綠色　青色　五彩繽紛

動物

老虎　豹　貓　獅子　熊貓　鯨魚　燕魚　娃娃魚　鱟　龜　穿山甲
甲蟲　蝦　蟹　蚌　螺　純血馬　白獅　金剛鸚鵡　藏獒

植物

千年古樹　巨杉　神木　崖柏　紅木　金絲楠木　松樹　柏樹
麵包樹　大樹　高樹　人參　靈芝　松露

食物

鮑參翅肚　名貴紅酒　鵝肝　白松露　魚子醬　藏紅花　核桃　花生
松子　堅果類　豆類　甲殼類　椰子　檳榔

靜物

神像　官印　國徽　國旗　刀劍　香爐　經書　經典古籍　大床
高櫃　管風琴　鋼琴　豎琴　古琴　權杖　金銀珠寶　玉器首飾
頭飾　古董　文物　甲骨文　筆　文件夾　公文袋　指揮棒　旗子
號角　甲冑　頭盔　高級家具　名車　豪華遊艇　棺材

景物

皇宮　廟宇　紀念柱　古建築　博物館　學校　幼兒園　文化場所
銀行　法院　首都　首府　金銀首飾店　豪宅　甲級商廈

神物

佛祖　玉皇大帝　太上老君　觀音菩薩　達摩祖師　呂山法祖　龍

人物

文官　作家　博士　教授　主席　領袖　元帥　老闆　名人　董事長

校長　老師　長輩　樂團指揮　冠軍人物　負責人　管理人

人物外表

腰直膊寬　身材高大　皮膚青白　方臉　鼻子高直　唇線清晰

頭髮濃密　德高望重　氣概雄偉　高雅安然　衣著得體

人物性格

有組織能力　敦厚正直　心高氣傲　威嚴　獨斷　外強中乾　虛偽

頑固　處變不驚　有條不紊　無中生有

人體

頭　臉　手　指甲　大拇指　腳趾公　胃　肝　膽　筋　男性生殖器

卯 陰木

特徵

流動 快速 衝動 聯合 合同 會合 合作 相聚 分開 衝擊

聚集 眾多 重疊 震動 矛盾 後悔 四處走 不完善

大自然

東方 春天 早晨 旭日 風 閃電 雷電 綠色 青色

動物

兔子 鴛鴦 天鵝 白鴿 蝴蝶 燕子 蜻蜓 蜜蜂 海豚 企鵝

羚羊 袋鼠 松鼠 劍魚 飛魚 鯊魚 蝗蟲 草蜢 蟋蟀 跳蚤

植物

柳樹 白楊樹 榕樹 紅樹 椰樹 花 草 小麥 粟米 高粱 竹

菠蘿 桑椹 合掌瓜 玫瑰 夾竹桃 葱 蒜 洋葱 洋薊 百合

食物

外賣　即食麵　兒童餐　應節食品　嫁喜餅　宴會菜式　自助餐
即溶咖啡　三合一飲品　碳酸飲料　餐盒　飛機餐　微波爐食品

靜物

車　船　艇　房車　摩托車　貨車　飛機　飛輪　合同　合約
結婚證　房契　盒子　盆子　箱子　櫃子　椅子　床　積木　砌圖
書本　漫畫　書包　背包　跳水池　過山車　羽毛　皮草　防狼器
捕鼠器　捕獸器　布帛　金錢　互聯網　指示牌

景物

公園　草地　樹林　街市　機場　車站　幼兒園　慈善機構
交易場所　足球場　保齡球場　戲院　會堂　廣場　碼頭　宴會

神物

和合二仙　福祿壽三星　月老　雷公　嫦娥　玉兔　龍鳳　貔貅

人物

司機　賽車手　運動員　舞蹈員　鼓手　木匠　兒童　情侶　媒人

合夥人　中介人　售貨員　醫生　護士　幼兒園教師　僧人　道士

人物外表

兔牙　圓臉　手長腳長　身形高瘦　皮膚青白　一團和氣　笑容可掬

雷厲風行

人物性格

積極進取　性情直爽　粗心大意　工作麻利　性急輕浮　開朗　謙讓

性格中立　平易近人　愛多管閒事

人體

神經　氣管　手　手指　腰　肝　筋骨　大腿　關節　口　嘴　肝　膽

辰 陽土

特徵

打鬥　戰爭　屠宰　爭訟　武術　有殺傷力　索債　破壞　消耗
妨礙　損害　剛強　一流技術　阻礙　阻隔　不通順

大自然

東南方　早晨　雷電　地震　海嘯　綠色　青色

動物

巨蟒　藏獒　獵犬　獅子　老虎　山貓　野豬　石頭魚　鮑魚　牡蠣
鱟　鱷魚　鯊魚　蛇　狼　黃蜂　蝗蟲

植物

百年古樹　巨杉　雪松　根幹粗大的樹木　桉樹　鐵樹　豬籠草
夾竹桃　白蛇根草　荊棘　野山芋　仙人掌　合桃　椰子　榴槤

食物

雞蛋　鴕鳥蛋　堅果　硬殼水果　烈酒　碳酸飲料　膨化食品

燒烤食品　鰹魚乾　法包　甘蔗　大閘蟹　皇帝蟹　螳螂蝦　龍蝦

靜物

菜刀　凶器　武器　刀　劍　茅　槍　炮　鐵鑊　不銹鋼煲　金屬製品

瓦製品　大刀　牛刀　魚網　魚槍　魚鈎　電棍　彈叉　弓箭

捕獸器　車輛　飛機　鑽石　水晶　石獅子　石獸　碾子　門窗

瓷磚　火車　電車　大貨車　貨櫃　坦克車　飛機　航空母艦

景物

廟宇　道觀　礦山　關卡　路障　收費站　鐵絲網　鐵欄　鐵閘

監獄　土坡　崗嶺　道路　鐵路　武館　公安所　警衛室　動物園

神物

孫悟空　雷公　龍母　尉遲公　秦瓊　張飛　白虎　龍

人物

軍人 警察 警衛 強盜 屠夫 義士 敵人 惡人 運輸工人
鐵道員 鋼鐵工人 格鬥者 兇手 獵人 漁民

人物外表

表情嚴肅 瘦長臉 身形修長 骨格雄壯 外型威武 孔武有力

人物性格

撩事生非 野蠻暴躁 思覺敏銳 意志堅定 性格硬朗 手段兇殘

人體

肩頸 腰背 手 腳 筋骨 關節 肺 呼吸系統

巳 陰火

特徵

半明半暗　閃動　變化　虛假　發夢　虛驚　幻覺　耀眼　亮麗

發光　纏繞　反反覆覆　彎曲　不實　文化藝術　文學　靈活　怪異

大自然

南方　夏天　太陽　閃電　火　煙　紅色　棗紅色　火白色

動物

蛇　蟒　蟲　蟮　蜈蚣　海參　海豚　熱帶魚　錦鯉　螢火蟲　螢光魚

螢光魷　夜光藻　烏賊　水母　斑馬　花豹　變色龍　孔雀　蝴蝶

植物

桃花　梅花　蘭花　葡萄藤　楊柳　龍爪槐　牽牛花　夜光茸

發光蕈　夜光樹　燈籠樹　人參果　流星瓜　斑竹　盆景

食物

煙燻菜式　炙燒食品　翻熱餸菜　微波爐食品　燒烤食品　雞尾酒
分子料理　即食麵　通心粉　紅豆　士多啤梨　車厘子　紅石榴
紅酒

靜物

電線　香薰爐　香爐　香燭　蠟燭　繩索　拉鍊　領帶　腰帶　手鍊
頸鍊　煙花　煙囪　霓虹燈　爐灶　熱水器　交通燈　閃光燈　電燈
打火機　電筒　充電器　電話　訊息　文字　光碟　萬花筒　膠帶
絲帶　花布　花衣服　化妝品　唇膏　胭脂　欄杆　拉手柄

景物

燈塔　電塔　彎路　河流　山脈　電競館　圖書館　藝術館
燈飾店　鳥市　廟宇　玄學社　燒烤場　窯灶　焚化爐　吸煙區

神物

燃燈佛　何仙姑　電母　龍女　灶君　龍　火龍

人物

小孩　女人　文化人　模特兒　紋身之人　電工　燒焊工　廟祝

算命師　漂亮之人　精神病人　電子技術員　潑婦　乞丐

人物外表

漂亮　愛打扮　愛戴飾物　穿戴講究　身形瘦弱　瓜子臉　白裏透紅

駝背　小蛇腰

人物性格

神經質　善變　虛偽巧詐　愛顯露自己　心口不一　華而不實

死纏爛打　陰險狡詐

人體

肩頸　血管　血液　神經　經絡　小腸　陰莖　手　腳　頭髮

午　陽火

特徵

文學　文化　外露　亮麗之物　計劃　願景　學習　成績　文書
文件　華麗　漂亮　風景　暴露　出名　口舌　血光　卓越　傑出

大自然

南方　夏季　晴天　中午　太陽　炎熱　火　煙　紅色　棗紅色

動物

馬　斑馬　孔雀　鷹　金剛鸚鵡　火烈鳥　朱鷺　老虎　金錢豹
青竹蛇　蝴蝶　天堂鳥　金龍魚　金魚　熱帶魚　珊瑚魚

植物

向日葵　千日紅　紅玫瑰　紅菜頭　天堂鳥　紅辣椒　大紅花
映山紅　火球花　木棉花　西瓜　南瓜　士多啤梨　紅石榴　火龍果

食物

意式薄餅　炸甜圈　爆谷　煎堆　火焗　烤焗食品　火辣食品

紅毛丹　紅棗　杞子　紅豆　紅燒乳鴿　豬紅　雞紅

靜物

電腦　電視　電話　燒烤爐　焗爐　煤氣爐　電燈　太陽燈　圖片

圖書　獎狀　告票　合同　證書　證件　股票　書本　炸彈　火箭

爆竹　爆炸品　霓虹燈　車頭燈　眼鏡　望遠鏡　投影機　照相機

煙花　香燭　蠟燭　文章　字畫　樹屋　雀巢　避雷針　天線

景物

廚房　學校　電影院　歌劇院　電視台　電視塔　煉鋼廠　捐血站

風景區　山頂　充電站　電競館　捐血站　裝飾公司　眼鏡店

神物

華光大帝　炎帝　祝融　灶君　火鳳凰　火麒麟　朱雀

人物

當權者　策劃者　政治家　英雄　網紅　程式編寫員　作家　設計師

廣告人　文化人　練馬師　攝影師　名星　美容師　髮型師　視光師

人物外表

氣勢逼人　面色紅潤　染紅髮　面形尖　喜歡打扮　艷麗　英俊

人物性格

熱情好客　虛偽　虛榮　愛弄權　我行我素　心直口快　脾氣急躁

心狠手辣　缺乏耐力　佔有慾強

人體

頭　臉　眼睛　心臟　小腸　血液　神經　乳房

未 陰土

特徵

飲食 醫療 修仙 修道 鬼神 疾病 問題 暗門 結交 集體
大眾 緩慢 穩定 不動 不變 長久 包容 幫助 學習 傳授

大自然

西南方 四季 雲 霧 沙塵 陰暗 黃色

動物

羊 狗 牛 雞 鵝 鴨 豬 禽畜 土撥鼠 牛蛙 駱駝 老鼠
兔子 蝙蝠 沙甸魚 珊瑚 海葵 魷魚 企鵝 鴕鳥

植物

水稻 小麥 高粱 山藥 蘿蔔 木薯 西瓜 南瓜 木瓜 蔬菜
青苔 髮菜 大蒜 薑 番薯 中草藥 蓮花 荷花

食物

齋菜　宗教食品　宴會食品　粗糧　雜糧　參茸　海味　藥膳　學校膳食　醫院膳食　旅行團餐　自助餐　豬扒　雞肉　羊肉　肉類

靜物

佛像　神像　塑像　三牲祭品　拜神用品　藥水　藥丸　藥粉　藥材　醫藥用品　急救用品　疫苗　工具書　文學作品　參考書籍　陪葬品　棺材　墓碑　瓦罐　瓷器　盆　碗　書包　背包　包裹　材料包　衫褲鞋襪　紙筆墨硯　筷子　刀叉　砌圖　紀念品

景物

道觀　寺廟　教會　四合院　學校　餐館　廚房　醫院　庭院　大廳　洗手間　天井　水井　走廊　街道　監獄　診所　墓場

神物

彌勒佛　觀音菩薩　地藏王菩薩　王母娘娘　福祿壽三星　饕餮

人物

廚師　食客　朋友　教師　學生　徒弟　巫師　寡婦　醫生　病人
老婦　村姑　農夫　牧羊人　畜牧人員　地產商

人物外表

黃方臉　有雀斑　神情嚴肅　大嘴厚唇　身形不高　體胖肚大

人物性格

嗜飲好食　含蓄死板　關懷包容　任性　懦弱　心胸狹窄　陰險毒辣
吝嗇　貪婪　不能自拔

人體

嘴　肌肉　肩　臍部　腹部　脾　胃　大腸

申 陽金

特徵

競爭 爭鬥 打鬥 武力 訴訟 刑傷 官司是非 交通 遷移

支持 支撐 傷災 受傷 阻隔 牢獄 疾病 艷麗 豪華 強勢

大自然

西方 秋天 傍晚 肅殺 閃電 霹靂 狂風 天災 白色

動物

猴子 公雞 獅子 老虎 鱷魚 白鯊 熊 豹 蟒蛇 巨蜥 豺狼

野狗 野豬 鬣狗 山貓 藏獒 鷹 螳螂 蜘蛛 黃蜂

植物

胡楊 白楊 椰樹 竹 夾竹桃 簕杜鵑 曼陀羅 蒺藜草 仙人掌

荊棘 豬籠草 刺槐 皂莢 白蛇根草 蠍子草 蘆薈 榴槤

食物

甘蔗　法包　堅果　豬骨　牛骨　鴨舌　牛腩　豬喉管　帶刺水果

刺激食物　高糖高脂食品　烤焦食物　化學食物　香煙　烈酒

靜物

刀　劍　金銀　重金屬　金屬製品　石製品　鐵製品　擴音器

研磨器　抽油煙機　車輛　飛機　鼓棍　鋼管　水管　雪櫃　冷氣機

碾子　門窗　鎖　大貨車　貨櫃　貨櫃車　坦克車　飛機　航空母艦

武器　凶器　鑽石　水晶　毒藥　毒品　鐵籠　鐵棍

景物

關卡　路障　鐵閘　鐵路　道觀　廟宇　武館　公安所　警衛室

監獄　路口　收費站　懸崖峭壁　城牆　石牆　土堆　崗嶺

神物

孫悟空　二郎神　雷公　刑天　秦瓊　尉遲公　張飛　白虎

人物

屠夫　獵人　醫生　法官　律師　鼓手　歌星　投訴者　是非人

軍人　文警　武警　警衛　強盜　保鏢　義士　龍虎武師　拳師

人物外表

聲音響亮　皮膚白淨　圓眼圓臉　手舞足蹈　肌肉強健　骨骼健壯

盛氣凌人

人物性格

深沉　殘暴　霸氣　脾氣大　不認輸　好爭訟　獨來獨往

表達能力強

人體

腰　頸　手　肺　大腸　呼吸系統　氣管　皮毛　拳頭

酉 陰金

特徵

尊貴　名貴　神佛　陰德　吵架　打架　官訟　陰私情　桃花　策劃

縝密　秘密　完美　欺詐　詛咒　憂疑　口舌是非

大自然

西方　秋天　傍晚　雷電　雷聲　月亮　灰色　白色

動物

雞　鸚鵡　了哥　孔雀　雉雞　天堂鳥　鴕鳥　奇異鳥　蟋蟀　蟬

蝙蝠　貓　老鼠　黃鼠狼　夜鶯　夜鷹　吼猴　刺蝟　穿山甲

植物

金針菇　松茸　雪耳　木耳　牙草　含羞草　冬菇　蘑菇　榕樹

柳樹　紅樹　菊花　花生　瓜子　合桃　栗子　椰子

食物

雞蛋　烏雞　燕窩　當歸　花膠　紅酒　雞酒　啤酒　香檳　雞尾酒
補酒　冰水　雪糕　雪條　刨冰　鴨舌　牛脷　豬肺

靜物

金銀　項鍊　戒指　名貴首飾　鑽石　玉器　鏡子　攝影機　影印機
水墨畫　風鈴　鐘　鳴笛器　音響　字畫　喇叭　擴音器　音箱
胸罩　內衣褲　斗篷　面罩　刀劍　太陽傘　帳篷　煲蓋　雪櫃
手提電話　耳機　冷氣機　冷風機　雕琢品　喜慶用品　玩具
嬰兒用品

景物

首飾店　金舖　密室　演唱會　公安局　檢察院　法院　按摩院
歌劇院　電影院　歌舞廳　鬧市　小路　路口　門口

神物

梨山老母　觀音娘娘　水月觀音　嫦娥　玉兔　鳳凰

人物

女人　貴婦　少女　情婦　歌手　律師　法官　傭人　法師　巫師

裁判　工程師　裁縫　雕刻師　秘書　盜賊　特工

人物外表

身如白玉　口似櫻桃　鼻子挺直　臉色白淨　文靜　英俊漂亮

大方　聲音宏亮　呆若木雞

人物性格

態度囂張　正直慷慨　助人為樂　陰匿暗昧　能說會道　口沒遮攔

人體

嘴　心臟　喉嚨　聲帶　呼吸系統　皮膚　毛髮　陰部

戊 陽土

特徵

孤獨　欺騙　奸詐　不實　牢獄之災　變動　變化　虛像　深遠
釋放　光明　恩賜　幸福　提拔　進攻　打鬥　戰爭

大自然

西北方　秋天　傍晚　天空　光明　火　灰白色　灰黑色

動物

狗　狼　胡狼　豺　狼獾　狐狸　果子狸　鹿　羚羊　馬　鷹　老虎
獅子　獅子魚　豹　熊　樹熊　犀牛　臭鼬鼠　蜻蜓　蝙蝠

植物

參天大樹　高原植物　仙人掌　銀劍菊　竹　白楊樹　柳樹　蕉樹
椰子樹　紅景天　月桂樹　蓮花　蒲公英　楓樹　芒草

食物

火焗　烤魚　串燒　烤乳猪　紅燒乳鴿　韓式烤肉　日式炙燒

炭燒咖啡　土窯雞　温泉蛋　火燄雪山　飛機餐　快餐　燒酒

靜物

煤　炭　火爐　燒烤爐　鏡子　玻璃　窗　天窗　天花　火酒　香火

孔明燈　熱氣球　航拍機　風箏　降落傘　滑翔機　刀　槍　劍　戟

炮彈　火車　高速鐵路　快艇　煙花　金銀　寶玉　鑽石　磚　瓦器

火山石　硫磺　水晶　石油　隕石　鎖　鑰匙

景物

假山　崗嶺　墳墓　神廟　醫院　診所　監獄　牢房　獸籠　橋樑

天橋　立交橋　戰場　火焗店　燒烤場

神物

玉皇大帝　太上老君　九天玄女　峨眉祖師　哮天犬

人物

道人　僧侶　神父　皇帝　醫生　占卜師　算命師　商人　教授

講師　機師　遠航員　鐵匠　守墓人　孤兒　長輩　父輩　古人

人物外表

身形高大　威嚴　嚴肅　骨骼強壯　不怒而威　豪邁熱情

人物性格

奸詐　好鬥　反應快速　聰明　孤僻　衝動　主動　理想遠大

不切實際　無中生有

人體

額頭　肺　脾　胃　大腿　腳跟　大腸　骨　皮毛

亥 陰水

特徵

慢動 流動 虛假 相逢 投機 困難 被困 困境 暗昧 遮蓋
管束 制約 痛苦 遲 有雜質 變化 性 破財 生氣 壞習慣

大自然

北方 冬天 晚上 下雨 陰天 烏雲密佈 陰濕 寒冷 灰色

動物

豬 海象 海牛 海豚 青蛙 彈塗魚 蝌蚪 蚯蚓 水蛭 泥鰍
泥鯭 烏賊 八爪魚 比目魚 海葵 老鼠 蝙蝠 北極熊 企鵝

植物

蘑菇 冬菇 茼蒿 蓮藕 通菜 生菜 菠菜 睡蓮 水仙 苦草
滿江紅 菱 蘋 芡實 水龍 燈心草 水耕菜 海草 海苔

食物

酒　雞尾酒　味噌　湯水　油　醬　醋　鹽　糖　粥品　糖水　汽水
牛奶　果汁　豆漿　乳酪　芝士　腐乳　鹹魚　泡菜　納豆

靜物

液體　污水　油漆　機油　汽油　筆　墨　塗鴉　顏料　水族箱　鞋
鞋墊　腳踏　水鞋　雨傘　雨衣雨帽　斗篷　傘裙　太陽傘　太陽帽
太陽油　帳篷　紙尿片　衛生巾　口水巾　汗巾　色情漫畫
色情影片　性愛用品　下價酒　假酒　劣質茶

景物

樓台　倉庫　豬欄　地下水　地坑　池塘　廁所　糞池　沼澤　爛草地
泥濘　濕地　地井　水稻田　魚市場　濕貨市場　色情場所　河流

神物

天后娘娘　媽祖　達摩祖師　姜太公　包青天　豬八戒　龍龜

人物

乞丐　騙徒　酒鬼　釀酒師　調酒師　茶農　菜農　養豬人

油漆工人　清潔工人　漁民　蠔民　小兒　黑客　妓女　囚犯

人物外表

頭髮濃密　身形矮小　醜陋　懶散　圓臉瘦肩　聲調不高　蓬頭垢面

人物性格

神經過敏　陰柔怕事　不能自主　多愁善感　暗中行事　狡猾多變

喜歡酒色　愛埋怨　貪小便宜

人體

尿液　精液　膀胱　眼淚　唾液　腎　生殖系統　腳　足

九宮

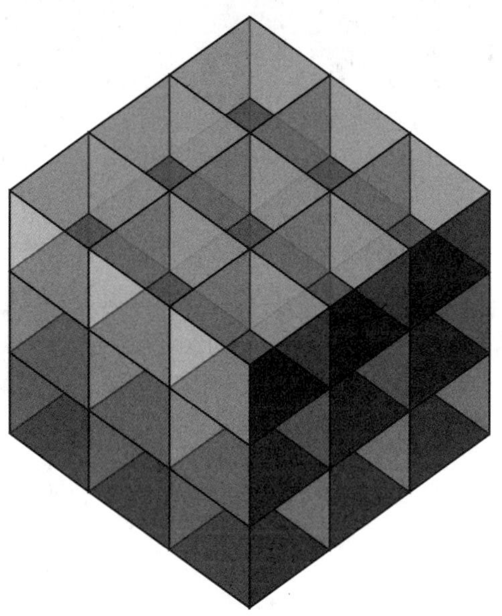

九宮

奇門遁甲乃帝王之學，「宮」自然是指帝王的居所，可是奇門盤中九宮全都是行宮，這個當王的可說是居無定所，漂泊無依。九宮四正四維，皆合於十五，源於《易經》的河圖洛書，又名縱橫圖，最早載於約公元前500年春秋時期儒家經典之一《大戴禮記》，被世界公認為組合數學（*combinatorial mathematics*）的鼻祖，中國在術數、天文地理、醫學、建築、音樂，甚至美術方面都會套用九宮之法。這個幻變無窮的神器，老少咸宜，幻方（*magic square*）/九宮圖在中國古時是官府或學堂的傳統算式遊戲，趣味在於無論選取哪條路線，最後都會得出完全相同的總和。練習中國書法的九宮格，相傳為唐代歐陽詢所創，分上三宮、下三宮、左宮、右宮和中宮，利用這個九宮格套上書者的一點一畫、字型結構、筆風氣勢及行走軌跡等，將之化為一個遁甲盤，該人的底蘊將盡覽無遺。正是：賢者能坐九宮之井觀天下之事也。

奇門宮位五行/應期圖

			2037 2025 • 四月	2038 2026 • 五月	2039 2027 • 六月			
			9-11時	11-13時	13-15時			
			巳	午	未			
2036 2024 • 三月	7-9時	辰	巽四宮 木	離九宮 火	坤二宮 土	申	15-17時	2040 2028 • 七月
2035 2023 • 二月	5-7時	卯	震三宮 木	中宮 五黃	兌七宮 金	酉	17-19時	2041 2029 • 八月
2034 2022 • 一月	3-5時	寅	艮八宮 土	坎一宮 水	乾六宮 金	戌	19-21時	2042 2030 • 九月
			丑	子	亥			
			1-3時	23-1時	21-23時			
			2033 2021 • 十二月	2032 2020 • 十一月	2043 2031 • 十月			

＊ 月份為農曆曆法。

四值功曹

四值功曹

「四值功曹」是道教的時間之神，值年、值月、值日、值時，這幾個職位在天庭神職低微，負責監察記錄人間的善惡功過，秉筆直書記下了每個人的真實歷史，報上天庭以定獎懲，官位雖小，但掌管功勞簿的職能卻非同小可。

神話傳說的對象是老百姓，在聖賢來看我們都是小孩子，幾千年來，神話的作者運用說故事的吸引力，把智慧隱藏其中，看似毫無根據的遠古神話，往往源於最科學的曆法和天文地理，只要深入研究不同的神話故事，你就會發現裏面蘊含着深奧的意義，其內容大都包括天、地、人之間的關聯、活用大自然能量的方法、人類歷史，還有為人的道理和責任等，來自世界各地的經典神話不約而同涵蓋了這種種元素，乃祖先傳給後世的軟性教學。道家奇門遁甲以四值功曹定位開局，就這一點已知一般只憑理論的學習方式無法得其精髓，只有修練正心以通神明之德，真正得到傳承才是不二法門。

八門

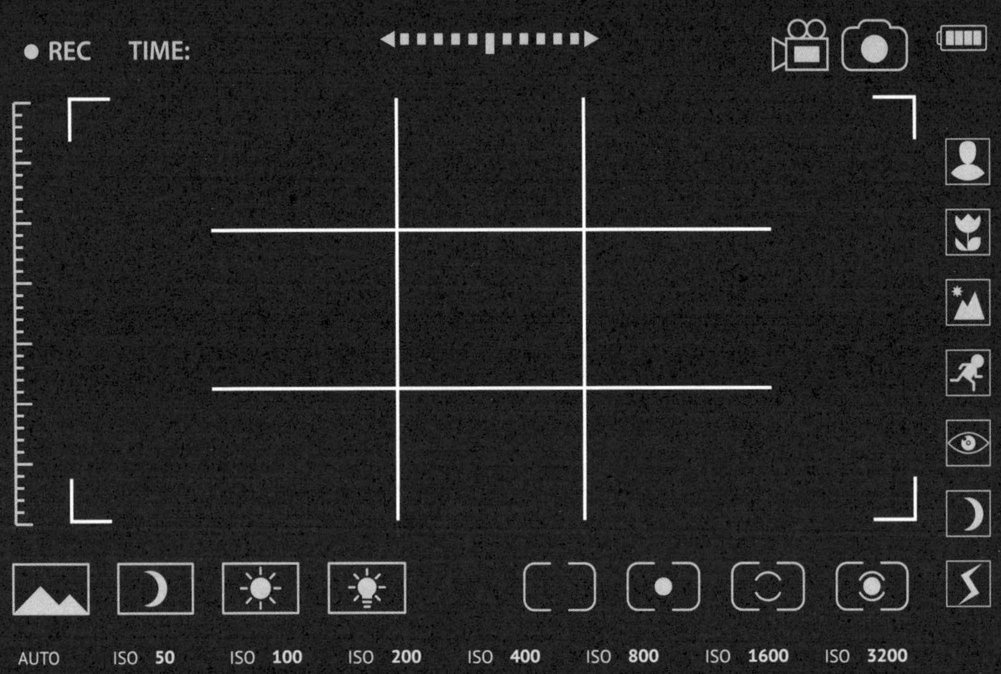
● REC
TIME:
AUTO
ISO 50
ISO 100
ISO 200
ISO 400
ISO 800
ISO 1600
ISO 3200

八門

本門眾師兄弟當中有好幾位攝影愛好者，經常打趣地說他們和奇門遁甲的緣分是老天注定的，因為他們就是玩門的「高手」。相機快門也叫光閘，開放的時間愈長，進入相機的光量愈多，光的速度大約每秒三億米，要捕捉光影，閘的開關速度一定要夠快，親手擒拿那一瞬間的影像並製成標本，每幅戰利品都是時間獵人的珍寶。

以攝影藝術的角度進入「八門」，你將會看到現實世界另一個層面，明白高手們如何精確地控制門的運作，讓動與靜同時同地結合，創造出虛實互生的美妙時刻。在拍攝天空星軌或溪流瀑布的時候，超速的快門會令畫格間距分離，即使畫質清晰無瑕，卻會因為失去了動態模糊製造出來的時間性而變得凝固生硬；快門太慢，過分曝光又會導致陰陽失調，令高光部分資訊流失，只能勾勒出輪廓，但這種拍攝手法能隱藏很多細節，經常用於人像攝影，使瑕疵和缺點沒那麼明顯而且充滿美感。總之一句，浩瀚師父箴言：門無吉凶之分，努力練功才真。

休門　陽水

特徵

休息　流動　婚姻　桃花　休閒　旅遊　退休　整理　調理　調養
休止　停止　結束　凍結　分離　退出

大自然

北方　冬季　晚上　雨天　下雪　結冰　寒冷　黑色　深藍色

動物

魚　蝦　蟹　水中生物　珊瑚　海綿　螺貝　海星　海馬　海龍　海參
海膽　水母　海龜　鯨魚　水魚　蝸牛　毛蟲　動作較慢的動物

植物

海帶　海藻　蘆葦　紅樹林　荷花　蓮花　水仙　浮萍　水葫蘆
水竹　冰菜　水草　水葱　水芹　菖蒲　椰子　西瓜　蜜瓜　水蜜桃

食物

紫菜　寒天　雪條　雪糕　刨冰　粉皮　河粉　海蜇　魚生　生蠔

海鮮　河鮮　冷凍食品　啤酒　汽水　酒　飲品　油　鹽　調味料

靜物

洗衣機　雪櫃　冷氣機　風筒　風扇　蒸餾水機　睡衣　窗簾　床

被子　浴簾　蚊帳　床罩　杯蓋　煲蓋　布匹　衣服　繩索　魚缸

釣魚工具　渡海小輪　車　船　貨車　旅遊車　遊輪　火車　摩托車

自行車　運輸工具　鐘錶　計時器　按摩器　按摩椅

景物

卧室　休息室　教員室　淋浴間　茶水室　酒吧　酒廊　療養院

公園　廣場　街道　馬路　噴水池　魚池　水上樂園　車站　娛樂場所

神物

玉皇大帝　睡佛　卧佛　周公旦　姜太公　壽星公　三足蟾蜍

人物

退休人士　貴人　孕婦　中男　海員　漁民　修理工人　潛水員

營養師　咖啡師　泳客　運輸業人員　導遊　司機　無業遊民　死人

人物外表

喜歡閉上眼睛　喜歡化妝　長髮　皮膚黑　美麗　高貴　動作較慢

不慌不忙　衣著寬鬆

人物性格

適應力強　隨遇而安　漫不經心　喜歡旅行　性情温順　得過且過

沒有鬥志　懶散倦怠　風流

人體

眼睛　頭髮　大腦　腳　腎　膀胱　血液　月經　生殖系統

泌尿系統

生門 陽土

特徵

生長　生意　土地　生產　哺育　生存　利潤　效益　學習　希望

復蘇　金融　經濟　錢財　資本　房地產　房屋　地理

大自然

東北方　四季　陰天　厚雲　雲彩　雲霧　黃色

動物

一切有生命的動物　豬　牛　羊　雞　鴨　鵝　禽畜業產品　魚　蝦

蟹　螺　貝　漁業產品　貴婦犬　波斯貓　錦鯉　寵物店售賣的動物

植物

一切天然生長的各種植物　人工種植的各種食料植物及果實

供銷售的園藝植物　藥用植物　纖維植物　綠化護土植物

食物

水 柴 米 油 鹽 粥 粉 麵 飯 蛋類 奶類 肉類 生果
蔬菜 麵包 營養食品 保健食品 魚生 刺身 沙律菜

靜物

糧食 經濟作物 建材 農具 藥材 西藥 醫藥用品 清潔用品
煮食用品 浴室用品 辦公室用品 床上用品 學術用品
護膚用品 育嬰用品 孕婦用品 救生用品 急救用品 金錢 貨幣
公事包 電腦 手提電話 計算機 貨物 貨櫃 生財工具

景物

農場 漁場 田基 商場 商店 工廠 銷售部 交易市場 幼兒園
產房 醫院 公園 山林 高地 地皮 房屋 銀行 繁華地區

神物

普賢菩薩 送子觀音 壽星公 財神 善財童子 咬錢蟾蜍

人物

後代　孕婦　生產者　生意人　領導人　勞動者　農民　會計　銀行

從業員　金融從業員　顧問　地產經紀　地產商

人物外表

鼻直口方　厚唇　形態敦厚　生龍活虎　肌肉發達　皮膚黃白

方形臉　高大　衣著樸實　態度誠懇

人物性格

忠厚老實　有經濟頭腦　守時　穩重　好動　活潑　反應快

想法多　無事生非

人體

生殖器官　前列腺　胸部　臀部　腹部　肌肉　皮膚　大腿　大腦

脾　胃　肌瘤　腫瘤

傷門 陽木

特徵

有殺傷力　妨礙　損害　受傷　傷痛　捕捉　索債　破壞　消耗
漁獵　賭博　變動　流動　不完整　缺陷

大自然

東方　春天　早晨　風　雷電　綠色　青色

動物

獅子　老虎　熊　獵豹　山貓　獵犬　毒蛇　蠍子　箭豬　黃蜂　蝗蟲
貓　狗　蚊　跳蚤　鯊魚　鱷魚　白鮓　食人鯧　河豚

植物

荊棘　玫瑰　仙人掌　巴豆　茅草　蠍子草　蘆薈　榴槤　柚子樹
夾竹桃　豬籠草　白蛇根草　毒芹　顛茄　毒菇　姑婆芋　野山芋

食物

油炸食品　加工肉類　碳酸飲料　膨化食品　燒烤食品　醃製食品

霉變食物　勁辣勁酸類　高糖高脂類　冰冷食物　烈酒

靜物

刀　劍　茅　槍　炮　弓箭　子彈　炸藥　毒藥　毒氣　小刀　剪刀

菜刀　凶器　武器　電棍　彈叉　防狼器　捕鼠器　捕獸器　魚網

魚槍　魚鈎　房車　摩托車　貨車　坦克車　賽車　四驅車　麻將

撲克牌　俄羅斯輪盤　牌九　西洋骨牌　彩票　股票

景物

檢察院　法院　賭場　馬場　鬥獸場　屠宰場　魚市場　賽車場

足球場　擂台　武館　化工廠　兵工廠　公安局　道路　懸崖　陷阱

神物

真武大帝　姜太公　哪吒　二郎神　沙僧　包公　貔貅

人物

獵人　漁民　軍人　醫生　賭徒　跌打醫師　武師　拳師　運動員

健身者　公安　司機　賽車手　傷心人　傷者　格鬥者　兇手　屠夫

人物外表

長方面　表情嚴肅　身形健壯　身形修長　皮膚青白　手長腳長

人物性格

粗野　暴躁　心急　愛多管閒事　性情爽直　粗心大意　雷厲風行

做事不顧後果

人體

眼　手　腳　肝　腰　筋骨　關節　傷疤

杜門 陰木

特徵

阻塞 阻隔 隱藏 遮擋 遮蓋 精細 精密 無瑕疵 絕技 拒絕

公檢法 困難 限制 文化 藝術 功夫 技術

大自然

東南方 春天 早上 風 空氣 氣流 綠色

動物

蝙蝠 蚯蚓 貓 老鼠 貓頭鷹 夜鶯 夜鷹 穿山甲 黃鼠狼

夜間出沒的動物 石頭魚 變色龍 烏賊 有掩護色的動物

植物

草 蘆葦 短小樹木 矮小果樹 苔蘚植物 苦草 黑松露 夜來香

月見草 曇花 晚香玉 含羞草 荷花 蓮葉 梅 蘭 菊 竹

食物

齋菜　聖餐　精緻菜　懷石料理　私房菜　秘製菜式　祖傳菜式
煙燻食品　氣鍋菜式　汽水　梳打水　香檳　分子料理

靜物

工藝品　布藝品　木雕　書籍　報刊　詩集　曲譜　食譜　佛經
聖經　簫　笙　笛子　魯班尺　角尺　圖則　地圖　門　屏風
窗　窗簾　被子　衣服　外套　胸罩　內衣　衛生巾　尿片　手套
袋子　電子芯片　晶片　面具　口罩　瓶塞　瓶蓋　莊稼

景物

茂密的草地　樹林　稻田　麥田　草叢　花叢　紅樹林　綠花帶　籬笆
圍牆　隔離帶　隧道　通道　地洞　地牢　監獄　法院　關卡　閘口

神物

華光大帝君　峨眉祖師　達摩祖師　嫦娥　華陀　魯班　龍　鳳凰

人物

道士　僧人　佛教徒　基督徒　神職人員　心理學家　教育家

程式編寫員　自閉者　隱居者　聾啞人　獄警　特工　木工　囚犯

人物外表

長臉　中等身高　斯文　害羞　表情呆滯　欲言又止　神色黯然

人物性格

思路清晰　城府極深　心平氣和　不愛說話　不愛熱鬧　文靜內向

有修養　有自閉傾向

人體

大腦　頭髮　膽　肝　筋　神經　呼吸系統　結石

景門　陰火

特徵

策略　計劃　願景　前程　學習　成績　文學　文化　文書　證據
文件　華麗　漂亮　風景　暴露　出名　口舌　血光　變化　空虛

大自然

南方　夏季　晴天　中午　太陽　炎熱　閃光　紅色　棗紅色

動物

孔雀　鷹　雉雞　火雞　老虎　金錢豹　斑馬　青竹蛇　蝴蝶
火烈鳥　朱鷺　天堂鳥　金龍魚　金魚　熱帶魚　珊瑚魚

植物

迎客松　羅漢松　楊柳　櫻花　梅花　一品紅　大紅花　映山紅
火球花　木棉花　西瓜　葡萄　水蜜桃　士多啤梨　紅石榴　火龍果

食物

爆谷　煎堆　炸甜圈　火焗　烤焗食品　火辣食品　烘焙麵包
杯子蛋糕　生日蛋糕　彩蛋　彩色糖果　獲獎名菜　馳名食品

靜物

文件　合同　證書　證件　獎狀　告票　股票　圖畫　圖書　圖片
書本　書畫用品　顏料　油漆　化妝品　時裝　首飾　燒烤爐　焗爐
煤氣爐　炸彈　火箭　電燈　光管　霓虹燈　X射線機　眼鏡
望遠鏡　電視　電話　電腦　投影機　透視圖　照相機　煙花　爆竹

景物

廚房　電影院　歌劇院　電視台　電視塔　瞭望台　名山名水
風景區　旅遊景點　充電站　電競館　捐血站　裝飾公司　眼鏡店

神物

佛母娘娘　六壬仙師　何仙姑　哪吒　火鳳凰　火麒麟

人物

有名氣的人　英俊漂亮的人　獲獎者　設計師　廣告人　策劃者
文化人　作家　畫家　攝影師　名星　網紅　美容師　髮型師

人物外表

喜歡打扮　皮膚紅　染紅髮　身形偏瘦　面形尖　面色紅潤　艷麗
漂亮

人物性格

聰明　虛心　虛偽　虛榮　空虛　心直口快　脾氣急躁　明瞭事理
知情識趣　缺乏耐力　佔有慾強

人體

頭　臉　眼睛　心臟　小腸　血液　神經　乳房　發炎　熱症

死門　陰土

特徵

中止　結束　死亡　死心　不開心　疤痕　受困　困局　不動　死板
肯定　十拿九穩　變化　要變動　穩固　遲緩　歷史　鬼神　長久

大自然

西南方　四季　陰天　雲　霧　雨　灰色　黑色　藍色

動物

恐龍　恐鳥　巨猿　長毛象　三葉蟲　鱟　龜　鸚鵡螺　海綿　甲由
史前生物　大海雀　渡渡鳥　袋狼　斑驢　絕種生物　動物屍體

植物

崖柏　沉香　靈芝　千年人參　榕樹　胡楊　松樹　柏樹　百年古樹
生長緩慢的植物　有病的樹　乾枯的植物　永生花　植物標本

食物

鹹魚　鹹肉　鹹蛋　皮蛋　雲腿　凍肉　醃製肉類　梅菜　菜脯

泡菜　不新鮮食品　過期罐頭　變壞食品　古早味食品　懷舊食品

靜物

佛像　石像　塑像　木偶　雕塑　陶俑　木乃伊　陪葬品　棺材

墓碑　標本　遺物　遺囑　歷史圖片　歷史文物　鎖　枷鎖

繩索　電椅　刀　槍　凶器　炸彈　子彈　逾期門票　失效證件

被遺忘的東西　古董　佛具　時間囊　紀念品　不動產

景物

空房子　玩具店　雕刻廠　醫院　停屍間　火葬場　刑場　屠宰場

歷史博物館　墳墓　墓碑　紀念碑　墓場　地皮　地基　死胡同

神物

彌勒佛　觀音菩薩　地藏王菩薩　茅山祖師　土地　貔貅

人物

有宗教信仰的人　瑜伽師　氣功師　偶像人物　死人　守墓人　屠夫

醫生　兇手　地產商　古董商　歷史學家　解剖師　禮儀師

人物外表

神情嚴肅　身形不高　肥胖　臉色偏黃　臉無表情　死氣沉沉

人物性格

消極　沉實　含蓄　沉默寡言　死板　死心眼　思想保守　有個性

任性　辦事不爽　固執己見

人體

腹部　死肉　死皮　腫塊　硬塊　傷疤　疤痕　肉瘤　腫瘤　病灶

驚門　陰金

特徵

害怕　驚慌　擔心　憂疑　詫異　奇怪　畏縮　官司訴訟　口舌是非
吵架　打架　尖叫　音樂　聲音　驚喜　驚人　吃驚

大自然

西方　秋天　傍晚　雷電　雷擊　雷聲　白色

動物

蟋蟀　蟈蟈　蟬　牛蛙　海豚　猴子　公雞　了哥　鸚鵡　善鳴動物
抹香鯨　藍鯨　吼猴　海豹　象　灰狼　獅子　河馬　大嗓門動物

植物

白楊　柳樹　松樹　笑樹　竹　被風吹動發聲的植物　樹葉　竹葉
竹子　葫蘆　仙人掌　椰子　猴麵包樹果　被製成樂器的植物

食物

爆谷　爆炸糖　薯片　蝦片　脆麻花　餅乾　脆片　香脆食品　鴨舌

牛脷　豬肺　蚯蚓軟糖　眼球果凍　萬聖節食品　分子料理　月餅

靜物

風鈴　鐘　鳴笛器　音響　手提電話　電視機　收音機　樂器　喇叭

擴音器　音箱　門鈴　鈴鐺　木魚　計時器　節拍器　電鑽　除草機

研磨機　壓力煲　碎肉機　摩打　摩托車　車輛　過山車　海盜船

飛機　石獅子　石獸　武器　刑具　驚慄片　懸疑小說　鬼怪漫畫

景物

歌劇院　電影院　球場　體育館　爆竹廠　演唱會　公安局　檢察院

法院　播音室　鬧市　多車的道路　鐵路　建築工程　鬼屋遊樂設施

神物

梨山老母　孫悟空　雷公　尉遲公　秦瓊　鍾馗　白虎

人物

老師　教授　律師　法官　歌星　播音員　講解員　導遊　李小龍

裁判　軍人　警察　強盜　劫匪　顛狂人　受驚嚇者　驚恐症病人

人物外表

皮膚白淨　瘦長臉　聲音宏亮　懂説話　瞠目結舌　言語不清

呆若木雞

人物性格

能説會道　口沒遮攔　忐忑不安　説話刺激人　膽小　心事重重

態度囂張

人體

心臟　喉嚨　聲帶　肺　大腸　呼吸系統　屁　腸鳴

開門　陽金

特徵

開始　開創　工作　經營　推展　貿易　升遷　學業　婚嫁　喜慶

出行　公開　暴露　通暢　順利　成功　寬敞　圓形

大自然

西北方　傍晚　天清氣朗　乾爽　白色　金色

動物

獅子　老虎　豹　象　鯨魚　北極熊　鷹　孔雀　天鵝　大黃蜂

威猛有霸主地位的動物　金龍魚　錦鯉　名種馬　名種狗　名種貓

植物

高大樹木　千年古樹　年長植物　松柏　金絲楠木　崖柏　名貴植物

國花　區花　玫瑰　蓮花　結圓形果實的植物　龍眼　荔枝　羅漢果

食物

自助餐　節日食品　喜慶食品　試吃食品　高級食材　結婚蛋糕
生日蛋糕　盆菜　開胃菜　開心果　千人宴　千歲宴　開年飯　春茗

靜物

金銀珠寶　貴重物品　古董　文物　鋼琴　豎琴　古琴　象形文字
互聯網　搜尋器　手提電話　電腦　刀　開罐器　開瓶器　鑰匙
百合匙　金錢　錢幣　郵票　通行證　工作證　許可證　入場券
車　開篷車　觀光火車　船　飛機　遊艇　開胸衣　人字拖　地球儀
呔盤　羅庚

景物

道場　廟宇　工作單位　辦公室　商場　工廠　高樓大廈　高亢之地
開濶之地　法院　車站　碼頭　機場　醫院　學校　公園　豪宅

神物

佛祖　太上老君　女媧娘娘　達摩祖師　呂山法祖　龍

人物

領導　公眾人物　法官　放債人　名人　網紅　創業者　工作者

老闆　生意人　文官　白領　公務員　司機　門僮　外科醫生

人物外表

身形高大　鼻直口方　方圓臉　眼神敏銳　不怒而威

人物性格

開朗　坦誠　思想開放　大公無私　豁達　通情達理　處事大方

重情義　勤奮向上　自尊心強

人體

頭　心　眼　大腦　肺　皮膚　臉　血管　神經

八神

八神

預測學最怕捉錯用神，情況類似中醫診症，判斷準確用藥才有效果，中國醫術之所以上乘，是其以能治本為宗旨，找出病根如同捉對用神，問題才有機會真正得到化解。至於神乃崇高之位，人何以能用之？《黃帝內經・靈樞第八・本神》中提到，「神」是指精神意識思維活動，而心藏神、肺藏魂、脾藏意、腎藏志，心乃五臟六腑之主為神明，用神即用心，專心一意便可使全神貫注助就事成，反之神不守舍，邪氣便會乘虛而入擾亂情志。《西遊記》中，唐僧在浮屠山遇到了高深莫測的烏巢禪師，問他到西天的路程還有多遠，禪師對他說：「路途雖遠，終須有到之日，卻只是魔瘴難消。」接着傳給唐僧一部《多心經》，他日若遇魔瘴之處，唸誦此經便能避免傷害。一直捉不到用神的唐僧，取經路上又見妖氣沖天，驚惶恐懼，神思不安，反而徹悟經中真義的孫悟空提醒唐僧：「心淨孤明獨照，心存萬境皆清。」唐僧聞言，心神頓爽，萬慮皆休。正是：心水清一點靈光自透，存正念定必料事如神。

值符　陽木

特徵

高層次　高級　高尚　名貴　名氣　豪華　貴重　具影響力
有代表性　品質優良　稀有　有殼　權力　管制　向上　上天

大自然

中央　晴天　風和日麗　五彩繽紛

動物

熊貓　獅子　老虎　鯨魚　燕魚　娃娃魚　受國家保護動物　鱟　龜
穿山甲　甲蟲　蝦　蟹　蚌　螺　純血馬　白獅　金剛鸚鵡　藏獒

植物

崖柏　紅木　金絲楠木　人參　靈芝　松露　大樹　高樹　千年古樹
名貴植物　有代表性植物　松柏　玫瑰　蓮花　梅　蘭　菊　竹

食物

鮑參翅肚　鵝肝　白松露　魚子醬　藏紅花　神户牛柳　麝貓咖啡
名貴紅酒　核桃　花生　松子　堅果類　豆類　甲殼類　椰子　檳榔

靜物

玉璽　國徽　國旗　委任狀　證書　調令　印章　權杖　皇冠　鑽石
金銀珠寶　玉器首飾　名人字畫　名貴藝術品　古董　文物　佛經
聖經　經典文學作品　鋼琴　笛子　古琴　音符　符號　符咒　筆
指揮棒　旗子　號角　甲冑　頭盔　高級家具　名車　豪華遊艇

景物

中央之地　高亢之地　皇宮　廟宇　紀念柱　古建築　博物館　金礦
油礦　銀行　法院　首都　首府　金銀首飾店　皇宮　豪宅　甲級商廈

神物

佛祖　玉皇大帝　太上老君　觀音菩薩　達摩祖師　呂山法祖　龍

人物

皇帝 總統 主席 領袖 元帥 老闆 名人 董事長 校長 老師 長輩 樂團指揮 冠軍人物 負責人 管理人 放債人 原告

人物外表

身體直長 身材高大 皮膚青白 方臉 鼻子直大 唇線清晰 粗眉 頭髮濃密 德高望重 氣概雄偉 高雅安然 一臉和氣

人物性格

雙重性格 文武雙全 有組織能力 威嚴 外強中乾 能言善辯 虛偽 敦厚正直 處變不驚 有條不紊 無中生有

人體

頭 臉 手 指甲 大腦 心臟 胃 男性生殖器

螣蛇 陰火

特徵

閃動 變化 變幻 耀眼 亮麗 發光 纏繞 反反覆覆 彎曲

網狀 斑紋 條紋 靈活 怪異 虛假 發夢 虛驚 幻覺 裂縫

大自然

南方 夏天 太陽 閃電 星星 火 煙 極光 紅色 五顏六色

動物

蟲 蛇 蟒 蟮 蜈蚣 海參 海豚 螢火蟲 螢光魚 螢光魷

夜光藻 烏賊 水母 斑馬 老虎 花豹 變色龍 孔雀 蝴蝶

植物

紅薯苗 合掌瓜苗 楊柳 龍爪槐 葡萄藤 牽牛花 夜光茸

發光蕈 夜光樹 燈籠樹 人參果 流星瓜 斑竹 漂亮的花朵

食物

分子料理　法國菜　意大利菜　煙燻菜式　炙燒食品　翻熱餸菜
微波爐食品　燒烤食品　雞尾酒　幸運曲奇　即食麵　通心粉

靜物

魯班尺　英文　法文　文書　書法　電線　繩索　拉鍊　領帶　腰帶
手鍊　頸鍊　煙花　煙囪　香薰爐　霓虹燈　訊號燈　花燈　交通燈
閃光燈　蠟燭　香火　電燈　打火機　電筒　充電器　電話　萬花筒
膠帶　絲帶　花衣服　漁網　窗紗　絲襪　欄杆　拉手柄

景物

燈塔　電塔　彎路　河流　山脈　道路　海岸線　高架電纜　燈飾店
光猛之地　廟宇　玄學社　燒烤場　窯灶　焚化爐　吸煙區

神物

燃燈佛　觀音娘娘　二郎神　雷娘　姜太公　灶君　龍　朱雀

人物

漁民　畫家　魔術師　燈光師　化妝師　模特兒　紋身之人　電工
燒焊工　廟祝　算命師　漂亮之人　精神病人　狡猾之人　潑婦

人物外表

身形瘦弱　頭髮稀少　頭毛黃　白裏透紅　大腦門　駝背　小蛇腰

人物性格

疑神疑鬼　虛偽巧詐　心口不一　華而不實　善變　死纏爛打
愛穿花格子或條紋衣服

人體

心臟　腦　血管　血液　神經　經絡　陰莖　手　腳　頭髮

太陰　陰金

特徵

護蔭　神佛　陰德　喜慶　吉祥　完美　婚姻　策劃　縝密　秘密

陰謀詭計　遮擋　匿藏　陰暗　欺詐　詛咒　憂疑　口舌是非

大自然

西方　秋天　晚上　陰天　雨露　寒冷　月亮　灰色　白色

動物

貓頭鷹　蝙蝠　貓　老鼠　黃鼠狼　夜鶯　夜鷹　奇異鳥　刺蝟

穿山甲　蚊　蝸牛　龜　寄居蟹　螺　蜆　比目魚　小丑魚　章魚

植物

苔蘚植物　牙草　含羞草　冬菇　蘑菇　松茸　雪耳　木耳　積雪草

白蘿蔔　海帶　柳樹　紅樹　花生　瓜子　合桃　栗子　椰子　椰青

食物

蛋　蓋飯　奶蓋　酥皮湯　冬瓜盅　西瓜盅　椰子燉雞　佛跳牆

啤酒　冰水　汽水　雪糕　雪條　刨冰　寒天　海帶綠豆湯　涼粉

靜物

金銀　鏡子　攝影機　影印機　水墨畫　字畫　字跡　墨跡　羽毛

假髮　假眼睫毛　胸罩　內衣褲　雨具　斗篷　面罩　睡袋　太陽傘

太陽眼鏡　帳篷　蚊帳　煲蓋　杯蓋　雪櫃　冰塊　冷氣機　冷風機

雕琢品　神像　喜慶用品　玩具　嬰兒用品　暗號　密碼　密函

景物

道觀　寺廟　教堂　密室　光線暗的房屋　林蔭路　紅樹林　荷花池

地下室　地洞　山洞　防空洞　陰暗處　涼亭　廁所　濕地　地井

神物

神佛　菩薩　太白金星　觀音娘娘　嫦娥　玉兔

人物

法師　巫師　隱士　文人　畫家　書法家　設計師　策劃師　工程師　裁縫　雕刻師　秘書　歌手　盜賊　特工　女人　少女　情婦　孕婦

人物外表

身如白玉　口似櫻桃　鼻子挺直　臉色白淨　文靜　英俊　漂亮　大方　說話有條理　聲調不高

人物性格

正直慷慨　體貼周到　助人為樂　收藏　陰匿暗昧　陰險毒辣　老謀深算

人體

嘴　心　肺　呼吸系統　皮膚　毛髮　陰部　涕液　胎兒

六合 陰木

特徵

婚姻　嫁娶　歡樂　吉祥　喜慶　聯合　合同　會合　合作　相聚
聚集　眾多　重疊　合抱　親吻　談判　口講業　關閉　卡住

大自然

東方　春天　早晨　旭日　風　和風　彩虹　綠色　青綠色　多種顏色

動物

鴛鴦　天鵝　白鴿　蝴蝶　兔子　雞　鴨　燕子　蝙蝠　蜻蜓　蜜蜂
蝗蟲　螞蟻　狼　海豚　企鵝　磷蝦　沙甸魚　鮭魚　金槍魚　珊瑚

植物

花　草　稻穀　小麥　粟米　榕樹　紅樹　菠蘿　桑椹　合掌瓜
釋迦果　繡球　蓮花　米蘭　七里香　蒜　洋葱　洋薊　百合

食物

鹽　糖　味精　五香粉　鹵水料　賀年全盒　應節食品　嫁喜餅
結婚蛋糕　婚宴菜式　自助餐　盆菜　英式下午茶　白咖啡
日式定食　餐盒　飛機餐　兒童餐

靜物

馬賽克　砌圖　魔方塊　七巧板　萬花筒　合同　合約　證書　結婚證
房契　盒子　箱子　椅子　床　書本　雜誌　漫畫　書包　旅行箱
收納箱　羽毛　皮草　套裝　六角帽　傘子　化妝品　化妝箱　布帛
金錢　車船　飛機　互聯網

景物

百貨公司　超級市場　討論區　公園　草地　樹林　婚介所　幼兒園
慈善機構　交易場所　娛樂場所　廣場　車站　碼頭　機場　宴會

神物

和合二仙　福祿壽三星　月老　嫦娥　龍鳳　玉兔

人物

僧人 道士 明星 歌星 胎兒 兒童 孕婦 情侶 媒人 合夥人

中介人 售貨員 醫生 護士 幼兒園教師 畫家 設計師 魔術師

人物外表

皮膚青白 手掌多肉 圓臉 兔牙 一團和氣 笑容可掬

點頭哈腰 縮頭聳肩

人物性格

仁慈 包容 開朗 謙讓 薦賢不妒 説話吉利 性格中立

平易近人 做事有分寸

人體

手 手指 腳趾 頭髮 眉毛 毛髮 牙齒 口 嘴 肝 膽

白虎 陰金

特徵

刑傷 官司是非 殘暴 強硬 兇惡 兇猛 強迫性 霸氣 大阻隔 爭鬥 打鬥 戰爭 傷災 受傷 牢獄 疾病 冷艷 艷麗 豪華

大自然

西方 秋天 傍晚 閃電 霹靂 狂風 颱風 龍捲風 地震 海嘯 火山爆發 白色

動物

鱷魚 白鯊 熊 獅子 老虎 豹 蟒蛇 巨蜥 豺狼 野狗 野豬 鬣狗 山貓 藏獒 鷹 鵰 鱷龜 伯勞 蜘蛛 大黃蜂

植物

蒺藜草 仙人掌 荊棘 豬籠草 刺槐 皂莢 夾竹桃 白蛇根草 毒芹 顛茄 蠍子草 蘆薈 榴槤 簕杜鵑 玫瑰 木香 曼陀羅

食物

特濃咖啡　帶刺水果　堅果　豬骨　牛骨　刺激食物　勁辣菜式

高糖、高脂食品　烤焦食物　化學食物　冰凍飲品　香煙　烈酒

靜物

金銀　重金屬　金屬製品　石製品　鐵製品　刀槍器械　大刀　劍

捕獸器　牛刀　弓箭　車輛　飛機　石獅子　石獸　石磨　雪櫃

冷氣機　冰雕　切冰機　碾子　門窗　鎖　大貨車　貨櫃　坦克車

飛機　貨櫃車　航空母艦　武器　凶器　鑽石　水晶　毒藥　毒品

景物

豪華建築　玻璃外牆　路口　關卡　路障　收費站　懸崖峭壁　鐵閘

城牆　石牆　冷藏庫　道路　鐵路　拳館　武館　公安所　警衛室

神物

太白金星　雷公　尉遲公　秦瓊　張飛　白虎

人物

醫生　法官　屠夫　龍虎武師　拳師　健身教練　高科技人員

黑社會分子　有權勢之人　有實力之人　軍人　強盜　文警　武警

人物外表

頭髮鋥亮　皮膚白淨　圓眼　虎頭虎腦　肌肉強健　骨骼健壯　嚴肅

少說話

人物性格

深沉　殘暴　霸氣　脾氣大　獨來獨往　大義凜然　老謀深算

人體

眼睛　肺　大腸　呼吸系統　牙齒　骨骼　大腦　皮毛　拳頭

玄武 陽水

特徵

不實　不清楚　幻覺　虛假　陰影　影像　貪污　盜竊　桃花　謊言

頭暈　糊塗　神秘　玄學　深奧　智慧　賭博　第二位

大自然

北方　冬季　晚上　雨天　陰天　影子　海市蜃樓　黑色　深藍色

動物

蛇　貓頭鷹　蝙蝠　老鼠　貓　穿山甲　果子狸　夜間出沒的動物

魚　蝦　蟹　海龜　水母　水中動物　變色龍　章魚　鰈魚　寄居蟹

植物

海帶　蘆葦　富貴竹　浮萍　水葫蘆　慈姑　馬蹄　水中生長的植物

柳樹　槐樹　蕉樹　荷花　蓮花　傳說中能成仙成怪的植物　葫蘆瓜

食物

油鹽醬醋　海鮮　河鮮　海味　紫菜　奶茶　咖啡　汽水　啤酒
雞尾酒　酒精飲品　油浸食品　鹵水食物　醃製食品　染色食物

靜物

冒牌貨　抄襲品　複製品　仿製品　模具　影印機　印章　相片
文章　圖畫　油漆　墨水　顏料　茶壺　魚缸　酒瓶　罐　盆　燈罩
窗簾　窗紗　門簾　浴簾　蚊帳　床罩　被子　蓋子　電視機
錄影機　投影機　立體眼鏡　香水　香薰　精油　木炭　黑布

景物

廁所　浴室　地下水　溝渠　魚池　地井　河流　湖泊　大海
污水處理廠　紫染工場　洗衣房　酒廊　按摩院　陰暗場所

神物

真武大帝　夏禹　姜太公　何仙姑　玄武　四不像

人物

孕婦　胎兒　盜賊　說謊者　神秘人　演員　導演　文人　作家

書法家　畫家　木偶師　腹語師　海員　漁民　水產經營者

人物外表

瘦肩　臉黑　獐頭鼠目　神色不定　視力不好　彎腰駝背

人物性格

雙重性格　能言善辯　高智商　沒有誠信　虛偽　反口覆舌　糊塗

貪心　愛說謊

人體

眼睛　頭髮　腎　膀胱　尿液　體液　血液　癦　印

九地　陰土

特徵

不動　不變　長久　緩慢　穩固　穩定　守舊　舊物　休眠　長眠
下沉　柔順　包容　矮小　低級　三教九流　黑暗　陰謀　暗鬥

大自然

中央　西南　四季　有雲　黑暗　地下　下方　黃色

動物

大象　河馬　熊貓　豬　牛　龜　企鵝　土撥鼠　牛蛙　駱駝　企鵝
鴕鳥　樹獺　樹熊　珊瑚　海綿　海星　海膽　比目魚　爬蟲類

植物

大蒜　薑　番薯　木薯　紅薯　馬鈴薯　芋頭　山藥　青苔　髮菜
蘿蔔　西瓜　南瓜　地瓜　小麥　稻穀　粟米　蔬菜　花草

食物

醋　鹽　糖　大黃　茶葉　防腐食物　醃漬食物　冷藏食品　蜜糖

紅酒　威士忌　陳釀　陳皮　陳醋　普洱　乾果　雲腿　中草藥

靜物

平面圖　泥土　沙石　土製品　陶製品　瓷製品　碗　碟　杯　盆　缸

地毡　蒲團　收藏品　紀念品　古董　古着　舊物　遺物　舊式電器

古老家具　石英　玉器　古琴　陶笛　書包　背囊　公事包　旅行箱

貯物箱　收納用具　貨櫃　時間囊　歷史文物

景物

橫樑　狹窄空間　地下室　土地廟　地攤　墓地　地下鐵路

地下停車場　種子庫　礦洞　礦坑　歷史博物館　老人院　姑婆屋

神物

地藏王　茅山祖師　壽星公　土地公　白象

人物

風水師　土地測量師　廟祝　老人　農民　歷史學家　地下工作者

囚犯　獄警　特務　中醫　煤礦工人　黑客　傷殘人士　無名士

人物外表

五短身材　肥胖大腹　厚肉　形態敦厚　反應慢　皮膚黃　方形臉

色音如甕

人物性格

柔順文靜　有恆心　消極　古板　不想改變　自私　吝嗇　謙卑恭敬

忍耐力強　固執　節約

人體

鼻　唇　臉　肌肉　臀部　腹部　大腿　胃　脾

九天 陽金

特徵

自由 自然 上升 上天 天上 變動 變化 虛像 深遠 高層次
高級 重要 釋放 光明 恩賜 幸福 提拔 進攻 打鬥 戰爭

大自然

西北方 秋天 傍晚 天空 光明 自然現象 白色 青色

動物

馬 老虎 獅子 豹 鹿 羚羊 鷹 鯊魚 旗魚 燕子 蜻蜓
蝙蝠 兔子 青蛙 袋鼠 速度快的動物 會跳躍的動物

植物

千年古樹 參天大樹 高原植物 神木 竹 白楊樹 柳樹 椰子樹
天山雪蓮 紅景天 月桂樹 蓮花 蒲公英 楓樹 木棉花 芒草

食物

鮑參翅肚　松露　和牛　巴馬火腿　魚子醬　鵝肝　藍龍蝦　藏紅花
麝貓咖啡　高級紅酒　遠年普洱　乳鴿　自助餐　飛機餐　快餐

靜物

鏡子　玻璃　窗　天窗　天花　望遠鏡　天文望遠鏡　孔明燈　熱氣球
航拍機　風箏　降落傘　滑翔機　直升機　飛機　火箭　刀　槍　劍
戟　炮彈　子彈　子彈火車　高速鐵路　遊船　快艇　煙花　激光
投影機　天線　金　玉　寶石　頭盔　帽子　髮夾　圓物

景物

高山　高原　山頂　電視塔　高樓大廈　天梯　天井　戰爭　戰場
首都　首府　領導辦公室　豪華地方　遙遠的地方　最高樓層

神物

玉皇大帝　太上老君　九天玄女　峨眉祖師　關公　朱雀

人物

道人　僧侶　神父　領導　總統　高官　董事長　商人　教授　講師

明星　機師　空中服務員　遠航員　高空工作者　長輩　父輩　古人

人物外表

威嚴　嚴肅　身形高大　骨骼強壯　雄壯魁梧　皮膚白淨　不怒而威

高談濶論　説話有力

人物性格

豪放熱情　聰明　得意　衝動　主動　反應快速　理想遠大

不切實際　無中生有

人體

頭　頭髮　額頭　肺　胃　大腸　骨　皮毛

九星

九星

對依附在地面生活的人類來説，頭頂以上的東西都比自己高，在漆黑一片的夜空中閃閃發亮的星星，是帶來光明的使者，不論種族、國家，甚至信仰，大家不約而同會向星星許願，得吉星高照便有希望。中國古時的人生活較為簡單純樸，若能滿足福、祿、壽三種願望已覺盡善盡美，每年除夕晚上，在正南上方會看見三顆特別耀眼的星星（獵户座腰帶部分的參宿一、參宿二和參宿三）排成一條直線，以最奪目的姿態出現，伴隨着新歲來臨前在夜空中升至最高，於是三星高照，新年來到，但願來年幸福美滿的祈盼令星星和我們的心連結起來。被罩着同一個星幕，諸葛亮觀天象得知命將休矣，那邊廂宿敵司馬懿觀星相嘆一代智者氣數已盡。天垂象，見吉凶，星光投射出人生歷程，反映天、地、人的相應關係，至於為何會出現一顆能量即將耗盡、正在隕落的流星能帶來好運，令人願望成真的説法，相信就連高深莫測的智慧代表人物諸葛孔明，把白羽扇子搖到掉毛也搖不出個道理來。

天篷｜貪狼星　陽水

特徵

無孔不入　大動　虛假　相逢　投機　賭博　性　破財　壞習慣
遮蓋　武藝高強　膽大妄為　大賊　智慧　靈活　流動　威嚴　暗昧

大自然

北方　冬天　黑夜　陰天　烏雲密佈　陰濕　寒冷　黑色　深藍色

動物

狼　老鼠　蝙蝠　果子狸　穿山甲　貓　貓頭鷹　晚上出沒的動物
魚　蝦　蟹　珊瑚　海葵　豬　鬣狗　布穀鳥　企鵝　蜘蛛　烏賊

植物

蘑菇　冬菇　花菇　雲耳　舞茸　松茸　靈芝　蕉樹　椰樹　傘樹
榕樹　蓮花　蓮蓬　荷葉　荷花　向日葵　西蘭花　海草　海苔

食物

奶粉　黑松露　芝麻糊　墨魚麵　竹炭麵包　果汁味汽水　珍珠奶茶
流水麵　迴轉壽司　刺身　雪糕　雪條　冰凍飲品　酒精飲品

靜物

透視圖　納米產品　縷空設計　傘子　帳篷　太陽眼鏡　太陽油
防曬衣　漁具　雨具　寬大衣服　黑色衣服　豐胸內衣　美臀內褲
內增高鞋　仿製品　冒牌貨　虛擬銀行　虛擬網站　藝名　筆名
廣告　電腦繪圖　電腦美圖　色情網站　撲克牌　麻將　彩票　車船

景物

水上樂園　水族館　皇宮　廟宇　涼亭　橋　迴旋處　賭場　馬場
股票行　水邊　色情場所　髮廊　桑拿浴室　陰暗地方　尖頂建築物

神物

達摩祖師　豬八戒　姜太公　包青天　鍾馗　尉遲公　龍龜

人物

黑道中人　大賊　黑客　妓女　賭徒　乞丐　騙徒　俠士　邊防戰士

失敗者　漁業工作者　運輸業人員　娛樂業工作者　建築工人

人物外表

面黑　眼大　頭髮濃密　威武雄壯　彪悍　愛穿黑色或藍色衣服

懶散

人物性格

貪小便宜　敢於冒險　處事圓滑　精明能幹　暗中行事　狡猾多變

喜歡酒色　性能力強　聰明機智　極細心　心狠手辣　無鬥志

人體

尿　膀胱　血液　排泄系統　腎　耳　眼睛　頭髮　生殖系統　腳

天任｜左輔星　陽土

特徵

堅定　忠厚　保守　謙虛　任勞任怨　任重道遠　擔當　承受　負重
笨重　支撐　固執　死心眼　目標不明　停止　不變

大自然

東北方　陰天　多雲　大霧　風沙　黃色　橙色

動物

牛　馬　驢　象　駱駝　馴鹿　雪橇犬　龜　能負重的動物　虎　獅
豹　狼　山豬　野狗　山上的動物　座頭鯨　駝背豚　工蜂　工蟻

植物

山棯　山楂　姑娘果　龍眼　荔枝　桃　李子　山上生長的果實
稻穀　粟米　小麥　蘆薈　長壽花　多肉植物　很少水就能種的植物

食物

米飯　粥品　粉麵　麵包　主食　糕餅　肉包　肉扒　瓜類　薯類
野味　野菜　清蒸菜式　白灼菜色　傳統齋菜　原味食品

靜物

地圖　枕頭　床褥　被子　桌子　椅子　櫃　書架　底座　梯　拐杖
扶手　腳踏　跑步機　划艇機　健身單車　健身器材　單車　手推車
車　起重機　壓力泵　千斤頂　防滑墊　隔熱墊　地毡　蒲團　水泡
馬鞍　馬鐙　古箏　鼓　水晶球　地球儀　鼠標　鍵盤　手寫板　鞋

景物

銀行　糧油店　產房　小山　禿頭山　高崗　圓頂建築物
不平的路　橋　台階　樓梯　門檻　梯田　田基　碉堡　地產公司

神物

彌勒佛　茅山祖師　壽星公　彭祖　財神　土地公　三腳蟾蜍

人物

風水師　山人　長者　老實人　道人　和尚　宗教人士　農民　轎夫
礦山開採者　建築工人　地產商　銀行家　服務員　忙碌之人

人物外表

多肉　肉厚　方臉　皮膚黃白　微彎腰　駝背　胸部豐滿　敦厚老實
躬身哈腰　土氣

人物性格

穩重　勤奮　倔強固執　小器　思想守舊　説話不多　慢熱　怕老婆
行動緩慢　反應遲緩　死不悔改

人體

鼻　胸　乳房　腹部　臀部　腰　背　脊髓　手　腿　脾　胃
男性生殖器

天沖｜祿存星　陽木

特徵

高　直　快速　衝動　氣勢大　四處走　不完善　賭博　分開　衝擊
迅猛　瞬間　勇往直前　震動　矛盾　後悔　擔心　焦慮

大自然

東方　風　閃電　雷電　冰雹　海嘯　地震　綠色

動物

燕子　鷹　鷲　雕　鵬　天鵝　鶴　蛇　兔子　羚羊　袋鼠　松鼠
劍魚　飛魚　鯊魚　青蛙　蝗蟲　草蜢　蟋蟀　跳蚤

植物

大樹　古樹　竹　高粱　穀稻　粟米　椰樹　白楊樹　杉樹　速生桉
葱　露筍　韭菜　蒜心　茶樹菇　芥菜　野葛

食物

快餐　飛機餐　外賣　即食麵　即食餸菜　微波爐食品　快熟食品

奶茶　拉茶　咖啡　即溶咖啡　三合一飲品　薑汁撞奶

靜物

鼓　樂器　音響　鐘　鈴　子彈　槍炮　炮彈　鞭炮　火箭　煙花　劍

射擊　攪拌機　碎肉機　跳水池　過山車　自由落體　滑水梯　飛機

快艇　跑車　電動玩具　桌球　高爾夫球　保齡球　球類運動　賽車

電競　賽艇　賽馬　角子機　跑步機　滑步機　飛輪

景物

演奏會　歌舞廳　戲院　街市　機場　車站　高大建築　交通要道

急症室　派出所　公園　運動場　瀑布　旅行團　投注站　賭場

神物

真武大帝　孫悟空　雷公　二郎神　濟公　張飛　龍

人物

軍人　警察　消防員　武術愛好者　表演者　舞蹈員　鼓手　槍手
運動員　歌迷　戲迷　打老婆的人　木匠　飛機師　司機　武松

人物外表

長方臉　皮膚青白　長髮　身形高瘦　走路快　說話快　雷厲風行
性急　輕浮

人物性格

勇敢　敏捷　積極進取　為人爽快　不顧後果　工作爽快能幹　考慮
不周　不動腦　欠穩重　易怒　虎頭蛇尾

人體

神經　氣管　頭髮　腰　肝　筋骨　大腿　男性生殖器

天輔｜文曲星 陰木

特徵

關愛　扶持　保護　輔佐　幫助　協助　指點　指導　導引　撐腰
靠山　雪中送炭　祝福　哺育　餵養　融洽　禮儀　彎曲

大自然

東南方　晴天　和風　月亮　彩虹　祥雲　綠色

動物

蝴蝶　蜻蜓　鴿子　燕子　鷹　老虎　豹　斑馬　花貓　蛇　泥鰍
蚯蚓　蜥蜴　壁虎　牙帶魚　海蛇　八爪魚　牛　羊　馬　驢子　駱駝

植物

瓜苗　花草　葡萄　葫蘆瓜　絲瓜　楊樹　柳樹　藤蔓植物　中草藥
木棉　蘆葦　芒草　蒲公英　睡蓮　蘭花　海帶　海草

食物

輔食　補品　營養補充品　嬰兒食品　小食　下午茶　宵夜

魚類食品　蔬菜類食品　麵條　粉條　粿條　粉絲　藥膳　素菜

靜物

魯班尺　羅庚　論文　字典　參考書籍　助聽器　眼鏡　教材　文具

羽毛　枕　軟墊　房屋　輪椅　木凳　枱　家具　餐具　衣服　傘　車

船　圖畫　園藝　冷氣機　風扇　窗口　窗簾　繩　電線　口罩　胸圍

被子　護膚用品　面霜　花布　字幕　食譜　曲譜　配樂　副歌

景物

中醫館　護理中心　客户服務站　學校　圖書館　文化中心　幼兒園

圍牆　柵欄　隔離帶　防護欄　綠花帶　林蔭路　監獄　動物園

神物

水月觀音　騎龍觀音　峨眉祖師　嫦娥　華陀　龍　鳳凰　仙鶴

人物

文化人　詩人　作家　教師　醫生　護士　教育工作者　輔導員　秘書
導遊　總理　政委　警察　護衛　保安　保姆　副手　家庭主婦

人物外表

皮膚青白　手細長　頭髮茂密　身體偏瘦　風度翩翩　懂禮儀

人物性格

有修養　有內涵　文雅　細心　有文化　愛幫助人　仁慈　融洽和諧
謙虛禮讓　喜歡吃東西

人體

牙　食道　頭髮　乳房　肺　呼吸系統　大腿　神經

天英｜右弼星　陰火

特徵

閃爍　光明　外露　英俊　漂亮　秀麗　英雄　聰明　智勇雙全
卓越　傑出　半明半暗　虛幻　不實　文化藝術　文學　亮麗之物

大自然

南方　夏天　中午　太陽　彩虹　紅色　深紅色　棗紅色　火白色

動物

金魚　龍吐珠　孔雀　鸚鵡　海南了哥　變色龍　錦鯉　熱帶魚
珊瑚　水母　螢火蟲　蝴蝶　天堂鳥　鷹　丹頂鶴　火熱鳥

植物

羅漢松　迎客松　盆景　蓮花　蘭花　桃花　梅花　玫瑰　一品紅
木棉花　外形美觀的植物　開花的植物　展覽中的植物

食物

頭盤　前菜　特色小吃　獲獎名菜　推介菜式　結婚蛋糕　生日蛋糕

紅毛丹　紅棗　杞子　紅豆　士多啤梨　車厘子　紅石榴　紅酒

靜物

爐灶　熱水器　電飯煲　電話　電腦　電燈　電玩　充電器　光管

霓紅燈　打火機　香薰爐　香爐　蠟燭　花布　裝飾品　藝術品　水晶

玻璃　獎座　獎杯　獎牌　證件　圖片　圖書　畫像　電影　電視

光碟　煙花　爆竹　爆炸品　化妝品　唇膏　胭脂

景物

光猛之地　高亢之地　山頂　名店　鳥市　超市　電影院　美容院

首飾店　燈飾店　圖書館　藝術館　煉鋼廠　捐血站　廚房

神物

燃燈佛　王母娘娘　何仙姑　電母　龍女　灶君　朱雀

人物

網紅　英雄　英雌　文藝工作者　廣告人　化妝師　美容師　模特兒
演員　導演　編劇　作家　畫家　室內設計師　電子技術員

人物外表

瓜子臉　白裏透紅　身形高瘦　頭髮枯黃　愛打扮　愛顯露自己
愛戴飾物　穿戴講究

人物性格

有禮貌　熱情好客　脾氣暴躁　焦慮不安　虛偽　心狠手辣
我行我素　陰險狡詐

人體

頭　眼睛　唇　心臟　血液　小腸　精神

天芮 | 巨門星 陰土 天禽 | 廉貞星

** 天禽星寄於天芮星宮位*

特徵

病星 疾病 問題 錯誤 毛病 桃園結義 結交 集體 大眾

交友 團結 修仙 修道 幫助 學習 傳授 簽約 弱弱聯合

大自然

西南方 雲 霧 黃沙萬里 黃色

動物

牛 羊 雞 鵝 鴨 豬 狗 貓 家裏養的寵物 螞蟻 蜜蜂 老鼠

兔子 蝙蝠 沙甸魚 珊瑚 海葵 魷魚 企鵝 集結成羣的動物

植物

水稻 小麥 高粱 馬鈴薯 蘿蔔 木薯 木瓜 蔬菜 農副產品

人參 靈芝 冬蟲夏草 當歸 石斛 中草藥 蓮花 荷花

食物

齋菜　宗教食品　粗糧　雜糧　參茸　海味　藥膳　學校膳食
醫院膳食　旅行團餐　自助餐　展銷攤位試食　街頭小吃　盆菜

靜物

佛像　神像　藥水　藥丸　藥粉　藥材　醫藥用品　急救用品　疫苗
三牲祭品　拜神用品　工具書　文學作品　參考書籍　瓦罐　瓷器
盆　碗　石磨　土石製品　文字　書包　背包　包裹　衫袋　材料包
衫褲鞋襪　紙筆墨硯　樂隊　樂團　筷子　刀叉　砌圖　馬賽克

景物

道觀　寺廟　教會　學校　書店　圖書館　醫院　幽靜之地　庭院
大廳　洗手間　天井　走廊　街道　監獄　不平路　多人的地方

神物

佛　菩薩　觀音　女媧娘娘　福祿壽三星　八仙　蟠龍

人物

朋友　網友　隊友　教師　學生　徒弟　歌迷　影迷　醫生　病人

老婦　村姑　產婦　孕婦　農夫　畜牧人員　地產商　無恥之徒

人物外表

黃臉　方臉　有雀斑　大嘴　厚唇　身形不高　大肚子　體形肥胖

人物性格

關懷　包容　遲鈍　固執　懦弱　易說錯話　心胸狹窄　陰險毒辣

捉摸不定　吝嗇　貪婪

人體

嘴　右臉　肩　臍部　腹部　大腸　胃　脾

天柱｜破軍星　陰金

特徵

中流砥柱　支持　支撐　頂天立地　威力無比　力挽狂瀾　刑傷
毀滅　破壞　訓練　破財折本　意外傷災　驚恐怪異

大自然

西方　秋天　金秋肅殺　雷電　冰雹　雷擊　白色

動物

狗　公雞　羊　猴子　畫眉　相思　了哥　鸚鵡　愛叫的動物
熊　獅子　老虎　豹　狼　野狗　草蜢　螳螂　好鬥的動物

植物

椰樹　竹　胡楊　白楊　蘆葦　樹幹直橫枝少的樹木　蒺藜草　荊棘
蘆薈　仙人掌　刺槐　蠍子草　夾竹桃　豬籠草　使人受傷的植物

食物

法包　甘蔗　串燒　山藥　手指餅　爆谷　炒板栗　爆炸糖　啄啄糖

炸蝦片　脆薯餅　炸響鈴　鴨舌　牛脷　豬喉管　烈酒

靜物

電線桿　木棒　筷子　筆　電話　電視　電腦　電器　樂器　音響

喇叭　咪高峰　鐘錶　手提電話　哨子　擴音器　研磨器　碎肉機

抽油煙機　鳴笛水煲　飲管　鼓棍　鋼管　水管　指揮棒　簫　笛子

木棍　長茅　長槍　箭　竹擔　石頭　石獅子　石獸

景物

電線杆　電視塔　高塔　高直大廈　門樓　水塔　煙囱　紀念柱

演奏會　運動場　馬場　賭場　戰場　電競館　建築地盤

神物

刑天　太白金星　二郎神　孫悟空　雷公　張飛　白虎

人物

音樂家　鼓手　歌星　演員　教師　律師　軍警　公檢法　拍賣官

調度員　售貨員　礦工　建築工人　球迷　少女　投訴者　是非人

人物外表

唇薄　方圓臉　皮膚白淨　身形高大　身體強壯　霸氣十足

盛氣凌人　手舞足蹈

人物性格

聲音響亮　不認輸　好爭訟　能説會道　表達能力強　愛説是非

獨當一面

人體

氣管　腰　頸　手　手指　腳趾　大腿　陰莖

天心｜武曲星　陽金

特徵

中心　中間　核心　漩渦　移動　進攻　打鬥　激發潛能　開啟智慧

周詳　堅固　感情　結婚　考試　政治　醫病　宗教　會見　召見

大自然

西北方　秋天　雷電　冰雹　霜　雪　白氣　宇宙　金色

動物

鼠　牛　虎　兔　龍　蛇　馬　羊　猴　雞　狗　豬　本宮屬性的動物

獅子　熊　天鵝　熊貓　孔雀　鷹　象　鯨魚　有領導地位的動物

植物

大樹　果樹　桔子　荔枝　龍眼　黃皮　結圓形果實的植物　中草藥

蓮花　荷花　梅花　桃花　玫瑰　菊花　松　柏　有特別含意的植物

食物

宗教食品　婚宴菜式　情人節菜式　壽包　湯圓　月餅　手工菜
私房菜　精緻菜式　藥膳　補品　營養菜單　節食菜單　名菜

靜物

神像　佛像　金銀珠寶　貴重物品　鐵器　金屬製品　醫療儀器
藥品　醫藥　屏風　門簾　情書　訂情信物　結婚戒指　玉珮
傳家之寶　國寶　水晶球　珍珠　地球儀　渾天儀　陀螺　鐘錶
佛經　聖經　心理學書籍　計算機　羅盤　蒲團

景物

道觀　寺廟　教堂　高亢之地　平原　郊野　領導辦公室　名人居所
大廳　珠寶店　影碑牆　指揮站　調度室　馬路　塔　遠處

神物

佛祖　菩薩　道祖　玉帝　岳飛　龍鳳

人物

師父　法師　修行者　醫卜星相者　領導人　管理人員　中心人物

醫生　護士　輔導員　數學家　會計師　參謀長　軍師　隱形領袖

人物外表

英俊　漂亮　皮膚白淨　高大威武　雄偉　威嚴　有王者風範

人物性格

領導才能　智勇雙全　樂善好施　工於心計　進退自如　懲惡助善

果斷　剛毅　心思細密　管理能力強　忠心耿耿

人體

心臟　頭　肺　腸　骨　子宮

生剋

生剋

奇門斷證，對象是人。人類思想行為十分複雜，表面上很容易分析理解的生剋關係，卻往往成為學習奇門遁甲過程中易學難精的一個重要關口。道家祖師姜太公留給我們一段非常管用的提示《陰符經》：「生者死之根，死者生之根。恩生於害，害生於恩。」文中所指的生、死、恩、害，本來與分久必合，合久必分、靜極生動，動極生靜的大自然規律同出一轍，然而當套用在人的思維上又需要多拐幾十個彎，變成因果循環的大道理，再加入倫理關係就亂上加亂，所以推算時假若精神狀態欠佳，便很容易反被問事的人帶着走入方內，主客不分的氛圍會令最基本的生剋關係都弄得一塌糊塗，資訊飄忽不定，判斷必然失準。所以當你發覺斷事時力不從心，難下定論的時候，就是被剋了。

奇門五行生剋圖

金
辛 庚 申 酉
天干 地支
八門 九星
開門 驚門 天柱星 天心星
水
壬 癸 亥 子
天干 地支
八門 九星
休門 天蓬星
木
乙 甲 卯 寅
天干 地支
八門 九星
杜門 傷門 天輔星 天沖星
火
丙 丁 巳 午
天干 地支
八門 九星
景門 天英星
土
己 戊 辰 戌 丑 未
天干 地支
八門 九星
死門 生門 天芮星 天禽星 天任星
生
剋

吉凶

吉凶

何謂吉：無凶則吉。

何謂凶：無吉則凶。

「凶象吉星皆無是否就是平格？」

找這樣的盤出來讓大家見識一下。

「何謂平格？」

凶不太凶，小吉為平格。

「即是無啦！」

奇門無，因為平平無奇。

「見吉星吉格肯定沒問題了吧？」

小心吉中藏凶。

「凶象肯定要化解了吧？」

未必，遇上凶中藏吉的格局，化了便同歸於盡。

「遇上你這個騙子算是甚麼格局？！」

施主，凶中藏吉啊！

奇門起局

奇門起局

格局

天盤天干加地盤天干

「天盤戊儀」 加「地盤天干」

戊加戊

格局為「青龍伏吟」，雙木成林，甲甲伏吟，凡事閉塞，以守為吉。

戊加乙

格局為「青龍和會」，逢門吉事吉，門凶事更凶。

戊加丙

格局為「青龍返首」，大吉大利，逢墓、迫、擊刑，吉事成凶。

戊加丁

格局為「青龍耀明」，宜見貴人求名逐利皆吉，若逢墓、迫，招惹是非。

戊加己

格局為「貴人入獄」，公私皆不利。

戊加庚

格局為「值符飛宮」，吉事不吉，凶事更凶，求財沒利益，測病也指凶。

戊加辛

格局為「青龍折足」，逢吉門有生助，尚可謀事，若逢凶門主招災、失財、足疾、折傷。

戊加壬

格局為「青龍入天牢」，諸事破耗，凡陰陽事皆不吉利。

戊加癸

格局為「青龍華蓋」，門吉可招福臨門，門凶者多怪異，事情多不吉利。

「天盤乙奇」 加「地盤天干」

乙加戊

格局為「陰害陽門」，利陰人陰事，門吉尚可謀為，門凶迫則破財傷人。

乙加乙

格局為「日奇伏吟」，不宜見貴求名利，只宜安分守己。

乙加丙

格局為「奇儀順遂」，遇吉星遷官進職，遇凶星夫妻反目別離。

乙加丁

格局為「奇儀相佐」，文書考試吉，百事可為。

乙加己

格局為「日奇入墓」，被土暗昧，門凶事必凶，生、開二吉門為「地遁」。

乙加庚

格局為「日奇被刑」，為財產爭訟，夫妻懷私，不和氣。

乙加辛

格局為「青龍逃走」，人亡財破，奴僕拐帶，六畜皆傷，測婚姻為女逃男。

乙加壬

格局為「日奇入地」，尊卑悖亂，奴僕欺主或官訟是非，有人謀害之事。

乙加癸

格局為「華蓋逢星」，遁跡修道，隱匿藏形，躲災避難為吉。

「天盤丙奇」 加「地盤天干」

丙加戊

格局為「飛鳥跌穴」，百事皆吉，不勞而獲，可謀大事。

丙加乙

格局為「日月並行」，公私皆吉利。

丙加丙

格局為「月奇悖師」，訴訟文書逼迫，破耗遺失，主單據、票證不明遺失。

丙加丁

格局為「三奇順遂」，貴人文書吉利，常人平靜安樂，得三吉門為「天遁」。

丙加己

格局為「火悖入刑」，囚人刑杖，文書不行，門吉事吉，門凶事凶。

丙加庚

格局為「熒入太白」，門户破敗，盜賊耗失，事業亦凶。

丙加辛

格局為「日月相會」，謀事可成，病人不凶遇良醫。

丙加壬

格局為「火入天羅」，壬水沖剋丙火，客主不利，是非頗多。

丙加癸

格局為「華蓋悖師」，陰人陷害，災禍頻生。

「天盤丁奇」 加「地盤天干」

丁加戊

格局為「青龍轉光」，官人升遷，有利可圖，常人威昌。

丁加乙

格局為「玉女奇生」，乃「人遁」吉格，貴人加官晉爵，常人婚姻吉慶，財帛豐厚。

丁加丙

格局為「星隨月轉」，貴人越級高升，常人慎防樂極生悲。

丁加丁

格局為「奇入太陰」，文書證件即至，喜事隨心，萬事如意。

丁加己

格局為「火入勾陳」，奸私仇冤，事因女人而起。

丁加庚

格局為「玉女刑殺」，年月日時格，文書阻隔，行人必歸。

丁加辛

格局為「朱雀入獄」，諸事不順，罪人釋囚，官人失位。

丁加壬

格局為「五神互合」，貴人恩詔，訟獄公平，測婚多為苟合。

丁加癸

格局為「朱雀投江」，文書口舌是非，驚官動府，詞訟不利，音信全無。

「天盤己儀」加「地盤天干」

己加戊

格局為「犬遇青龍」，門吉謀望遂意，上人見喜，門凶則枉費心機。

己加乙

格局為「墓神不明」，乃地户逢星，宜隱居修道，遁跡藏形為利。

己加丙

格局為「火悖地户」，男人冤冤相害，女人必致淫污。

己加丁

格局為「朱雀入墓」，文狀詞訟，先曲後直。

己加己

格局為「地户逢鬼」，問病必死，百事不利，暫不為謀，謀則為凶。

己加庚

格局為「刑格返名」，詞訟先動者不利，如臨陰星，有謀害之情。

己加辛

格局為「游魂入墓」，家冤陰邪鬼魅作祟，驚怪之事。

己加壬

格局為「地網高張」，狡童佚女，奸情傷殺。

己加癸

格局為「地刑玄武」，男女疾病垂危，詞訟有囚獄之災。

「天盤庚儀」加「地盤天干」

庚加戊

格局為「太白伏宮」，百事不可謀為凶。

庚加乙

格局為「太白逢星」，退守吉，進攻凶，謀為不利。

庚加丙

格局為「太白入熒」，占賊必到來，為客得利，為主破財。

庚加丁

格局為「亭亭之格」，因私匿或男女關係起官司是非，遇吉門有救，門凶則事更凶。

庚加己

格局為「官符刑格」，主有官司口舌，因官訟被判重刑，住牢獄更凶。

庚加庚

格局為「太白同宮」，乃「戰格」，官災橫禍，兄弟朋友相沖失和，不利為事。

庚加辛

格局為「白虎干格」，不宜遠行，車折馬死，求財大凶。

庚加壬

格局為「太白退位」，如金化水流，遠行走失迷路，
男女音信杳然。

庚加癸

格局為「太白沖刑」，主車禍，行人不至，官司不止，
生產母子俱傷。

「天盤辛儀」加「地盤天干」

辛加戊

格局為「困龍被傷」，官司破敗，屈抑居守則安，妄動則帶來禍殃。

辛加乙

格局為「白虎猖狂」，家破人亡，遠行多災，尊長不喜，測婚離散，主因男方。

辛加丙

格局為「干合悖師」，熒惑出現，占雨無，占晴旱，測事易因財致訟，門吉事吉，門凶事凶。

辛加丁

格局為「獄神得奇」，經商求財獲倍利，囚人逢大赦。

辛加己

格局為「入獄自刑」，奴僕背主，有訴訟難伸。

辛加庚

格局為「白虎出力」，刀刃相交，主客相殘，遜讓退步稍可，強進血濺衣衫。

辛加辛

格局為「伏吟天庭」，公廢私就，訟獄自罹罪名。

辛加壬

格局為「凶蛇入獄」，兩男爭女，訟獄不息，先動失理。

辛加癸

格局為「天牢華蓋」，日月失明，誤入天網，動止乖張。

「天盤壬儀」 加「地盤天干」

壬加戊

格局為「小蛇化龍」，攀附權貴，男人發達，女產嬰童。

壬加乙

格局為「小蛇得勢」，男人通達，女人柔順，測孕生子，祿馬光華。

壬加丙

格局為「水蛇入火」，官災刑禁，禍不單行。

壬加丁

格局為「干合蛇刑」，文書牽連，貴人匆匆，男吉女凶。

壬加己

格局為「凶蛇入獄」，大禍將至，順守者吉，詞訟理曲，敗訴。

壬加庚

格局為「太白擒蛇」，刑獄公平，立剖邪正。

壬加辛

格局為「螣蛇相纏」，縱有吉門也不安，若有謀望，被人欺瞞。

壬加壬

格局為「蛇入地羅」，外事纏繞，內事索索，吉門吉星免蹉跎，凶門則動盪不安。

壬加癸

格局為「幼女奸淫」，有家醜聲外揚之事發生，門吉星凶，反福為禍。

「天盤癸儀」 加「地盤天干」

癸加戊

格局為「天乙會合」，吉門宜求財，婚姻喜美，有貴人相助，若門凶迫，反禍官非。

癸加乙

格局為「華蓋篷星」，貴人進祿，常人平安，門吉則吉，門凶則凶。

癸加丙

格局為「華蓋悖師」，貴賤逢之皆不利，上人見喜，常人技藝糊口。

癸加丁

格局為「螣蛇夭矯」，文書官司，火焚也難逃。

癸加己

格局為「華蓋地户」，男女測之，音信阻隔，躲災避難為吉。

癸加庚

格局為「太白入網」，主以暴力爭訟，自罹纏罪責。

癸加辛

格局為「網蓋天牢」，主官司敗訴，死罪難逃，測病亦大凶。

癸加壬

格局為「復見螣蛇」，嫁娶重婚，後嫁無子，不保年華。

癸加癸

格局為「天網四張」，行人失伴，病訟皆傷。

格局

八門加臨原宮八門

「休門」 加臨「原宮八門」

休門臨原宮休門

主求財、進人口、上任、修造亦大利。

休門臨原宮生門

主得陰人財物、謁貴謀望，雖遲也吉。

休門臨原宮傷門

主上官喜慶、求財不得，有親戚分產、變動事不吉。

休門臨原宮杜門

主破財、失物難尋。

休門臨原宮景門

主求文書、印信事不至，反招口舌，小凶。

休門臨原宮死門

主文印、官司事不吉，遠行、僧道事不吉，占病凶。

休門臨原宮驚門

主損財、招非、疾病、驚恐事。

休門臨原宮開門

主開張店舖及見貴、求財等喜事，大吉。

「生門」 加臨「原宮八門」

生門臨原宮休門

主陰人處求謀財利，吉。

生門臨原宮生門

主遠行、求財、生育，吉。

生門臨原宮傷門

主親友變動、道路，不吉。

生門臨原宮杜門

主陰謀、陰人破財，不利。

生門臨原宮景門

主陰人、小口不寧及文書事，後吉。

生門臨原宮死門

主田宅官司，病主難救。

生門臨原宮驚門

主尊長財產、詞訟，病遲癒，吉。

生門臨原宮開門

主見貴人，求財大發。

「傷門」 加臨「原宮八門」

傷門臨原宮休門

主男人變動或託人辦事，財名不利。

傷門臨原宮生門

主房產、種植事業，凶。

傷門臨原宮傷門

主變動、遠行折傷，凶。

傷門臨原宮杜門

主變動、失脱、官司、桎梏，百事凶。

傷門臨原宮景門

主文書、印信、口舌、惹是生非。

傷門臨原宮死門

主官司、印信凶，出行大忌，占病凶。

傷門臨原宮驚門

主親人疾病憂驚、謀伐不利，凶。

傷門臨原宮開門

主見貴人、開張、走失、變動之事不利。

「杜門」 加臨「原宮八門」

杜門臨原宮休門

主求財有益。

杜門臨原宮生門

主男人、小口破財，田宅求財不利。

杜門臨原宮傷門

主兄弟相爭、破財不利。

杜門臨原宮杜門

主因父母疾病、田宅出脫事，凶。

杜門臨原宮景門

主文書、印信阻隔，男人、小口疾病，遲疑不利。

杜門臨原宮死門

主田宅文書失落、官司破財，小凶。

杜門臨原宮驚門

主門户內憂疑驚恐，並有詞訟事。

杜門臨原宮開門

主見貴人官長，謀事主先破己財，後吉。

「景門」加臨「原宮八門」

景門臨原宮休門

主文書遺失、爭訟不休。

景門臨原宮生門

主陰人生產大喜，更主求財旺利，行人皆吉。

景門臨原宮傷門

主姻親、小口口舌。

景門臨原宮杜門

主失脫文書、敗財後平。

景門臨原宮景門

主文狀未動有預先見之意，內有男人、小口憂患。

景門臨原宮死門

主官訟，因田宅事相爭，惹麻煩。

景門臨原宮驚門

主官訟，女人、小口疾病，凶。

景門臨原宮開門

主官人升遷吉，求文印更吉。

「死門」 加臨「原宮八門」

死門臨原宮休門

主求財物事不吉，若問僧道求方吉。

死門臨原宮生門

主喪事，求財得，占病死而復生。

死門臨原宮傷門

主官司動而被刑杖，凶。

死門臨原宮杜門

主破財、婦人風疾、腹腫、阻絕，凶。

死門臨原宮景門

主因文契、印信、財產事見官，先怒後喜，不凶。

死門臨原宮死門

主官事稽留、印信無氣，凶。

死門臨原宮驚門

主因官司不結，憂疑患病，凶。

死門臨原宮開門

主見貴人，求印信、文書事大利。

「驚門」 加臨「原宮八門」

驚門臨原宮休門

主求財事或口舌事，遲吉。

驚門臨原宮生門

主因婦人生產或求財事驚憂，皆吉。

驚門臨原宮傷門

主因商議同謀害人，事泄惹訟，凶。

驚門臨原宮杜門

主因失脱破財驚恐，不凶。

驚門臨原宮景門

主詞訟不息、小口疾病，凶。

驚門臨原宮死門

主因宅中怪異而生是非，凶。

驚門臨原宮驚門

主疾病、憂慮、驚恐。

驚門臨原宮開門

主官司憂疑，能見貴人不凶。

「開門」 加臨「原宮八門」

開門臨原宮休門

主貴人財喜及開張店舖，貿易大利。

開門臨原宮生門

主見貴人，謀望所求遂意。

開門臨原宮傷門

主變動、更改、移徙，事皆不吉。

開門臨原宮杜門

主失脱，刊印書契，小凶。

開門臨原宮景門

主見貴人，因文書不利。

開門臨原宮死門

主官司驚憂，先憂後喜。

開門臨原宮驚門

主百事不利。

開門臨原宮開門

主貴人寶物財喜。

格局

八門加臨三奇六儀

「休門」 加臨「三奇六儀」

休門臨天干戊

主財物和合。

休門臨天干乙

主求謀重不得，求輕可得。

休門臨天干丙

主文書和合喜慶。

休門臨天干丁

主百訟休歇。

休門臨天干己

主暗昧不寧，後吉。

休門臨天干庚

主文書詞訟先結後解。

休門臨天干辛

主疾病遲癒、失物不得。

休門臨天干壬

主口角是非、詞訟牽連。

休門臨天干癸

主陰人詞訟牽連。

「生門」加臨「三奇六儀」

生門臨天干戊

主嫁娶、求財、謁貴皆吉。

生門臨天干乙

主陰人生產，遲吉。

生門臨天干丙

主貴人印綬、婚姻、書信喜事。

生門臨天干丁

主詞訟、婚姻、財利大吉。

生門臨天干己

主得貴人維持，吉。

生門臨天干庚

主財產爭訟破產，不利。

生門臨天干辛

主產婦疾病，後吉。

生門臨天干壬

主遺失財後得、賊盜易獲。

生門臨天干癸

主婚姻不成，餘事皆吉。

「傷門」 加臨「三奇六儀」

傷門臨天干戊

主失脱難獲。

傷門臨天干乙

主求謀不得，反防盜失財。

傷門臨天干丙

主道路損失。

傷門臨天干丁

主音信不至。

傷門臨天干己

主財散、人病。

傷門臨天干庚

主訟獄被刑杖，凶。

傷門臨天干辛

主夫妻懷私恣怨。

傷門臨天干壬

主囚盜牽連。

傷門臨天干癸

主訟獄被冤，有理難伸。

「杜門」加臨「三奇六儀」

杜門臨天干戊

主謀事不成，秘處求財得。

杜門臨天干乙

宜暗求男人財物，得主不明致訟。

杜門臨天干丙

主文契遺失。

杜門臨天干丁

主男人訟獄。

杜門臨天干己

主私謀害人招非。

杜門臨天干庚

主因女人訟獄被刑。

杜門臨天干辛

主打傷人、詞訟、男人、小口，凶。

杜門臨天干壬

主奸盜事，凶。

杜門臨天干癸

主百事皆阻、病者不食。

「景門」 加臨「三奇六儀」

景門臨天干戊

主財產詞訟，遠行吉。

景門臨天干乙

主訟事不成。

景門臨天干丙

主文書急迫、火速不利。

景門臨天干丁

主因文書、印狀招非。

景門臨天干己

主官司牽連。

景門臨天干庚

主訟人自訟。

景門臨天干辛

主陰人詞訟。

景門臨天干壬

主因賊牽連。

景門臨天干癸

主因奴婢受刑。

「死門」 加臨「三奇六儀」

死門臨天干戊

主作偽財。

死門臨天干乙

主求事不成。

死門臨天干丙

主信息憂疑。

死門臨天干丁

主老陽人疾病。

死門臨天干己

主病、訟牽連不已，凶。

死門臨天干庚

主女人生產，母子俱凶。

死門臨天干辛

主盜賊失脫難獲。

死門臨天干壬

主訟人自訟自招。

死門臨天干癸

主婦女嫁娶事凶。

「驚門」加臨「三奇六儀」

驚門臨天干戊

主損財、信阻。

驚門臨天干乙

主謀財不得。

驚門臨天干丙

主文書、印信驚恐。

驚門臨天干丁

主詞訟牽連。

驚門臨天干己

主惡犬傷人成訟。

驚門臨天干庚

主道路損折，遇賊盜，凶。

驚門臨天干辛

主女人成訟，凶。

驚門臨天干壬

主官司囚禁、病者大凶。

驚門臨天干癸

主被盜，失物難獲。

「開門」 加臨「三奇六儀」

開門臨天干戊

主財名俱得。

開門臨天干乙

主小財可求。

開門臨天干丙

主貴人印綬。

開門臨天干丁

主遠信必至。

開門臨天干己

主事緒不定。

開門臨天干庚

主道路詞訟，謀為兩歧。

開門臨天干辛

主陰人道路。

開門臨天干壬

主遠行有失，注意破財。

開門臨天干癸

主陰人失財，小凶。

實例

* 案例中所有人物、公司或機構稱呼皆為化名以保障當事人私隱。

實例1—事業

2019/02/18 — 15:12

年	己亥
月	丙寅
日	丙戌
時	丙申

合 武 蛇 空 送 戊 心 丁 勾 休 壬 小 4 刑 墓	雀 九 陰 從 庚 逢 己 癸 生 戊 9	蛇 天 合 河 丙 任 乙 神 傷 庚 癸 明 2 迫 墓
龍 虎 符 勝 壬 柱 丙 開 辛 3 迫	癸 陽九局 甲午辛旬 丙申時 沖 5 傷	天 符 虎 后 丁 沖 辛 杜 丙 7
空 馬 合 天 乙 辛 芮 庚 癸 白 驚 乙 罡 8 刑 墓	太 陰 九 沖 乙 英 戊 死 己 1 迫	陰 蛇 武 大 己 輔 壬 玄 景 丁 功 6 迫

渡盡劫波兄弟在·相逢一笑泯恩仇

此課圖像：四值功曹見丙月、丙日、丙時烽煙四起，頭上年干己亥為烏雲蔽日，大雨將降平息干戈。當事人所求之事必與權力鬥爭有關，並有勢均力敵、難解難分之象。課中開門為工作，臨白虎、天柱星皆為強大破壞力量，地盤值符為兵符並地盤天干辛為徽章，代表當事人乃名門正授兼且實力頑強，惟宮位見門迫，引干壬為籠牢，老虎被困上山難也。

TK問位於多倫多（加拿大）的拳館生意。

生門為生意亦為利潤，落離九宮，見天篷星為破財加九地為長久，被甲子戊為本金所剋；又九星反吟，直斷拳館現時虧本。芮星為學生、門徒，落艮宮見擊刑、入墓，指這班人質素不高，帶馬星、九天，學生留不住去了別處。月干丙為對方、朋友、同門，落兑七宮，見值符為頂級，臨杜門為木工為技術，再加白虎，另一間規模龐大，而且裝修漂亮、霸氣十足的拳館，帶天沖星沖剋TK，是擺明車馬衝着他而來的。再看震宮符號和兑宮相同之處仿如一鏡兩面，引干丁壬相合，這個場面明顯是同門師兄弟互爭生意。TK原本不想家醜外傳，被師弟搶生意之事亦覺得很沒面子。課中見師弟宮位辛加丙格局為干合悖師，即違反老師教導，不守規則，測事易因財物致訟，宮位被生門為利潤所剋，又生甲子戊見死門門迫，加上坎宮無水為求財若渴，把學生搶了過來也得不償失，損人而不利己。

TK剋艮宮芮星，看到他仍然十分在意已經蟬過別枝的徒弟。其實這班人帶擊刑、入墓，學拳一直只是玩票性質毫不認真，而且剋甲子戊臨死門門迫，打從開始已準備隨時放棄便不會再交學費，強求只會浪費心力。着他立即回去準備招生，年中開班。課中TK落宮，地盤天干辛為變革，下一步飛到兑宮屬金；芮星為徒弟，地盤天干乙下一步飛到坤宮屬土，到農曆六、七月土生金時自然高朋滿座。打拳的胸中總不能少了團火，更何況被人在老虎頭上動土，TK縱然怒氣難消，竟然也想和師弟化解仇怨，希望能做到兩全其美。如此心存大義，主要是他對恩師的尊重，年干己為尊師落離宮，見課中TK生其師再剋師弟落宮，必須讓老人家清楚整件事的來龍去脈，兩位徒弟是他的左右手，他自會出面調停控制大局。目前TK首要做好本分，乘着本月當旺可以先為拳館製造聲勢，改良內部架構，為他把凶象化解後便可大展拳腳，在2020年太歲帶甲子戊生TK落宮時，事業和財運便會出現一番全新氣象。

實例2—學業

2021/11/12 — 19:22

年	辛丑
月	己亥
日	甲子
時	甲戌

雀從蛇送 庚 天輔杜 天戊戊 4	合河 丁 九英景 九壬壬 刑 9	勾明龍后 馬 壬己 武芮死 武庚庚 空 乙乙 墓 2
神小 辛 符沖傷 符己己 3	乙 陰四局 甲戌己旬 甲戌時 沖 傷 5	空大 乙 虎柱驚 虎丁丁 空 7
天勝陰乙 丙 蛇任生 蛇癸癸 8	玄罡 癸 陰篷休 陰辛辛 刑 1	白功太沖 戊 合心開 合丙丙 墓 6

淨洗鐺，少着水，柴頭罨煙焰不起。

待他自熟莫催他，火候足時他自美。

此課圖像：甲子為頭，初生之犢露頭角，值符落震宮己土，大器之材發於春土氣虛力弱；又有月干相合，時干同謀，逢天沖星臨傷門，催得天之驕子雄心勃勃急功近利；見伏吟，時機未到，宜守不宜攻；壬壬自刑，不潤其本而灑其末欲求其榮，但見光芒盡收九地之下，前路茫茫。破迷陣，明燈照仕途，莫遠走，成功關鍵在源頭。

伊小姐想到法國讀廚藝，問前程如何。

日干甲為值符，伊小姐乃將領之才。震宮引干為變革為本年太歲，太歲落坎宮辛辛自刑，辛為錯誤，説明伊小姐整個計劃犯了錯誤；又此局伏吟，指錯了再改，改了又錯。當事人落宮格局己+己為地户逢鬼，百事不遂，暫不為謀，謀則為凶。

己為月干為朋友，象意為計劃、慾望，遇天沖星臨傷門，伊小姐希望在本年尋求突破，做出驕人成績。木生火，離九宮天英星、景門為學業成績、獎項，引干丁為證書、文化、希望，見九地、河魁、六合，這份榮譽競爭劇烈；又壬壬自刑，壬為遠行，要遠征法國這個戰場，看來對伊小姐並非好的選擇。兑宮今年沖剋震宮，丁+丁為星奇入太陰，文書證件即至，喜事從心，萬事如意，又有白虎為勇猛，天柱星臨驚門為聲勢浩大。本年農曆2月當旺時，伊小姐本應有一件天大喜訊，但見空亡為失去力量，經已獲取英文系碩士的她錯過了報讀博士學位課程的機會，與一班朋友合夥開了一間咖啡店。2021年艮宮生門為生意，與另一財星天任星同宮，臨格局癸+癸為天網四張，行人失伴；天盤地盤八神螣蛇為不定，被坤宮凶象帶馬星相沖，生意時好時壞，一班年輕人把積蓄心血都投資在咖啡店上，只好想盡辦法，希望生意可以愈做愈好。時干、日干皆為甲，伊小姐對人對事要求十分高，終極目標是要到法國頂級廚藝學院考取博士學位，可以培訓自己成為飲食專才之餘，亦能為咖啡室打響名聲。

伊小姐今年28歲，要在另一領域爭取如此高的學術成就絕非易事。開門加天心星為重點學校，落乾宮剋當事人宮位，引干戊為錢財，天盤地盤天干戊同落巽宮，臨杜門、天輔星為學術、技巧，見九天，先不說最終能否獲取銜頭，單就學費而言已是天價，畢業證書看景門，落離九宮見壬壬自刑，水入火鄉，伊小姐明顯是走錯了路。坤宮死門帶馬星見空亡入墓沖2021、2022年生門位置，即使成功獲得學校取錄，錢財散盡成績也不會理想，那邊廂咖啡店的生意又面臨困境，到時兩頭不是岸便悔不當初了。勸她不如放棄赴法留學的計劃，在本土找間能提供海外課程的學院，避免耗財泄氣的厄運。現時開門見六合在戌，生門見螣蛇在寅，咖啡店的風格花巧太多，形象不夠鮮明，見離宮景門壬壬自刑，客人過目即忘，未能做出寅午戌三合局，必須清晰路向，離宮引干丁為集中注意力，應想辦法讓店的特色顯現出來。憑伊小姐一貫義無反顧、不到黃河心不死的性格，如能堅持努力不懈，循序漸進，不論事業和學業，付出和收穫將必成正比步入佳境。

實例3—自身

2022/02/07 — 12:32

年	壬寅
月	壬寅
日	辛卯
時	甲午

勾河合從 庚 蛇輔杜 蛇壬壬 空 刑 墓 4	龍明 丙 陰英景 陰戊戊 9	空后白大 馬 戊辛 合芮死 合庚庚 癸癸 墓 2
雀送 己 符沖傷 符辛辛 刑 3	癸 陽九局 甲午辛旬 甲午時 沖 傷 5	太功 癸 虎柱驚 虎丙丙 7
蛇小神勝 丁 天任生 天乙乙 8	天乙 乙 九篷休 九己己 1	玄沖陰罡 壬 武心開 武丁丁 6

觸舟或是黃熊精，拔劍欲絕蒼光駕。
疑神疑鬼心不驚，順流鼓吹天平明。

此課圖像：年、月寅木巨樹參天，壬水過盛，滂沱大雨路茫茫。逢亂世，日干立於甲午戰地之上，臨危受命兵微將寡。午卯破，心神不寧、草木皆兵，乃虎落平陽，惶惶不可終日之兆。

KK問身體狀況。

此局伏吟，指體內出現的問題大部分都是慢性病或遺傳病，又壬為水為血液，落巽四宮為神經，杜門為阻塞，見雙蛇並繞帶空亡、入墓、擊刑，直接問KK最近是否覺得精神出現問題。正所謂能醫不自醫，KK是一間連鎖式機構的心理輔導員，工作專責處理兒童及青少年問題和特殊教育，開門為工作落乾宮，2019年剋當事人宮位，當年香港發生社會事件，青少年承受前所未有的心理衝擊，涉及KK工作範圍的個案排山倒海而來。丁奇臨開門、心星，KK對工作充滿熱誠，每晚留守中心或到學校做義務輔導工作直至通宵達旦，即使在家也無法安然入睡，睜着眼睛等天亮；丁為眼睛，玄武亦為眼睛，臨開門代表一直處於工作狀態，在完全處於忘我的狀況下，KK完全沒有察覺到身體已經向沉重的壓力發出警號，如是者捱到冬天來臨。芮星為疾病臨死門，庚為白虎為兇惡，帶馬星沖艮宮農曆12月、1月，結果在年末例行體檢中，在食道發現屬於癌症初期的腫瘤。到2020年，坎宮己+己格局為墓神不明，地户逢鬼，宜遁跡藏形為利，再遇天篷星並九地臨休門，這年肯定不見天日。幸好KK當時聽取勸告，和公司達成協議停薪留職，用一年時間接受治療，休養生息之後再重回工作崗位。

2021、2022這兩年，艮宮見天任星和生門為財到之象。KK承接之前的良好表現獲得晉升機會，責任變得更加重大，九天為升職，乙+乙為日奇伏吟，不宜見貴求名利，只宜安分守己，然而，若要工作上更上一層樓，便要付出更多精力向上爬，真是冥冥之中自有安排。今年KK來看流年，課中日干落震宮，辛辛自刑為自己犯錯，天沖星臨傷門帶擊刑為太過勞累，被對宮白虎、柱星、驚門對沖，兑宮丙+丙為月奇悖師，文書逼迫。這個月份大環境對他相當不利，壓力再次令身體出現問題，休息狀態非常反覆，伏吟局暗藏變數，不是失眠就是睡得很沉，入睡後的經歷令他精神更加消耗。巽宮看精神狀態，見騰蛇、天輔星、杜門逢空亡、入墓、擊刑，代表文書、文化的東西都失去力量；又見壬+壬格局為蛇入地羅，外人纏繞，內事索索，說明當事人在鑽牛角尖，懷疑自己患上了精神病，只要睡着便會做些離奇古怪的夢，又經常無故耽驚受怕，擔心一旦舊病復發，一家大小便境況堪憐。今個月情況變得更加嚴重，經常出現幻覺幻聽，問是否被不明物體困擾所致。

課中震宮被兑宮所沖，丙辛相合，丙為其配偶，太太性格和KK完全相反，男弱女強的情況下，內斂的他多年來只是退讓不會和太太坦誠溝通，令感情惡化，見六合逢死帶馬星沖2022年艮宮位置，除了工作壓力之外，感情問題才是KK精神出現問題的主因。太太喜歡旅遊，見丙生天篷星和休門，着他嘗試放下工作，找個地方與太太再度蜜月，既可減少雙方衝突增進感情，又可趁假期紓緩壓力。難關之所以難過，在於冰封三尺非一日之寒，要當事人改變性格實在多此一舉，但願為他化解凶象之後，再憑他自己之前所積下的功德，能為即將來臨的障礙化險為夷吧！

奇門在此

奇門在此1—商業

2021/07/15 — 15:46

年	辛丑
月	乙未
日	甲子
時	壬申

雀沖蛇功 武 陰 癸 篷 壬 生 己 4 刑 墓	合罡 虎 蛇 辛 任 丁 戊 傷 癸 9	勾乙龍勝 合 符 丙 沖 庚 杜 辛 戊 2 迫 墓
神大 九 合 己 心 乙 休 庚 3	戊 陰五局 甲子戊旬 壬申時 芮 5 死	空小 陰 天 乙 輔 己 景 丙 7 迫
天后陰明 馬 天 虎 庚 柱 丙 開 丁 8 墓	玄河 符 武 丁 芮 辛 戊 驚 壬 1	白送太從 空 蛇 九 壬 英 癸 死 乙 6 墓

世人盡知穴在山，豈知穴在方寸間。

好山好水世不欠，苟非其人尋不見。

不是時師眼力淺，吉地留予後人來。

此課圖像：東南辰土為水庫，治水失策，蓬萊頓成澤國。西南未土為木庫，農田受旱，雜草叢生莊稼絕收。東北丑土為金庫，月落星沉，銀光一瞬即逝。西北戌土為火庫，煙火濕冷，燃不起夜空璀璨。縱觀四維倉庫盡皆入墓只存不發，乃高人借險境，暗施煉鋼雕木之法。莫叫運改城隍變，年深棟宇摧，只望江山代有人才出，各領風騷數百年。

品牌少東問：百年老舖全新裝修的計劃困難重重，原因何在？

日干甲為高層次，在物為名貴、有代表性，在人為名望高、有名聲。少東乃香港一間擁有百年歷史的家族生意繼承人，今年新官上任，2021年開門落艮宮，天柱乃破軍星代表裝修，見九天為不切實際、好高騖遠，地盤白虎為豪華有氣勢，天盤天干丙和地盤天干丁代表發光發亮，少東對這份工作理想相當遠大；天柱星亦為一鳴驚人，他向董事局提出以港幣5千萬元的預算，把位於中環的老舖重新裝修作為品牌旗艦店，希望打造一個更能切合時代的形象去吸引新一代客户，並藉此聲勢贏得業界領導地位，建議書卻一直未獲董事局通過。時干為所問事情落巽宮，生門為生意、利潤，遇天篷星為大賊，玄武為小偷，再加地盤八神太陰為暗地裏行事，帶擊刑為破財嚴重，錢用得不清不楚，沉入大海無跡可尋。時干壬為水落巽宮為內盤帶擊刑入墓，引干癸為地下水，店內廁所的裝修費是整個計劃中破敗的原因之一；坤宮杜門為木工、裝修、技術，門凶加天沖星和六合，指工匠團隊質素強差人意得過且過；杜門亦為通道，逢六合為多人，天沖星為沖散，庚加戊為換人換地方，又庚加辛格局為白虎干格，不利出行，再帶擊刑、入墓，而坤宮為外盤，指舖外人流太多阻塞門口，天沖星與開門對沖，客人過門而不入；杜門為圖則，見辛為錯誤，庚+戊格局為天乙伏宮，百事不可謀，大凶。圖則錯了又改，改了再錯，始終未有紓解舖外留不住客的方案；六合為合同，引干丙為亂子，因圖則未合符理想所以一直未被批下來。

計劃下一部進展如何？

引干壬落到乾宮位置，螣蛇、天英星為閃亮，見死門、九地臨空亡，而乾宮在外指店舖外的霓虹招牌亮不起來；天英星亦代表計劃，臨死門指項目要胎死腹中。

事情可有轉機？

董事局用年干看，天干辛落坎宮為囚獄，與甲子戊同寄於地盤天干壬之上，壬為地羅，錢財被鎖起不放出來。見天芮星臨驚門，雖然董事局對這項計劃毫無信心，但辛帶戊與值符（甲）同宮，老臣子們其實一直支持着少東，坎宮引干丁為關注、關心，生時干落宮即與他共同進退，惟四值功曹獨不見

火，明顯甲木火候未夠，仍須磨練才能獨擔大旗。計劃現時千瘡百孔，建議少東把項目拿出來讓其他公司競投。下一間公司看地盤時干己，落兑宮生日干，起用另一間公司對少東必然更為有利，但見景門門迫，必須以競投形式方可取得最佳方案；又兑宮引干己為月干，加上天輔星的幫助，新的合作單位會對整個計劃作出實質貢獻。此事於農曆8月兑宮位置，在化解凶象之後便可開始進行，但仍不宜大刀濶斧，要循序漸進，多點汲取董事局各元老的豐富經驗，少東後台強勁，在久經考驗之後他日必成大器。

奇門遁甲
奇門在此
QIMEN BEING
Here There & Everywhere

奇門在此2—感情

2018/08/08 — 19:55

年	戊戌
月	庚申
日	壬申
時	庚戌

合后勾明 癸 蛇 芮 生 合 戊 丙 丁 4	雀大 己 符 柱 傷 陰 壬 庚 9	蛇功神沖 馬 辛 天 心 杜 蛇 癸 戊 丁 迫 墓 2
龍河 壬 陰 英 休 虎 庚 乙 空 3	丁 陰二局 甲辰壬旬 庚戌時 柱 驚 5	天罡 乙 九 篷 景 符 己 壬 迫 7
空從白送 戊 丁 合 輔 開 武 丙 辛 空 8	太小 庚 虎 沖 驚 九 乙 己 1	陰乙玄勝 丙 武 任 死 天 辛 癸 6

折戟沉沙鐵未銷，自將磨洗認前朝。

東風不與周郎便，銅雀春深鎖二喬。

此課圖像：鷹盤九宵，日干壬落離宮見庚臨傷門，縱目千里，眼下盡皆凡禽弱獸，張天網，虎伏馬翻；佈地羅，龍蛇難變。時干庚金生日干壬水，憑其捉拿之精獵物唾手可得，雄鷹偏偏吃軟不吃硬，獨愛脫兔若即若離，卯木為兔生離火，離火剋兑宮引干乙兔；在水中央更是珍饈美味，離宮帶害既生艮宮丙辛相合臨害絕，又生坤宮戊癸相合臨害刑。正是：夜夜笙歌聽妙韻，懶理河東獅子吼。

Mr. F 的太太向他要求離婚，問她是否有外遇。

時干庚為所問事情落震宮，休門為婚姻，乙為妻，庚為夫，乙庚同宮為刑，指夫妻經常爭吵，上有白虎，情況甚為激烈，幸好青龍、太陰為文為柔，且帶空亡，執拗都是動口不動手。2017年兑宮景門為結婚證書沖剋震宮休門，引干乙為主因，太太去年向他提出分手，兑宮天篷星為虛假、暗昧，天盤八神九地為地下，太太的確在發展地下情，然而這與她向丈夫提出離婚並無直接關係。

震宮庚下有乙，地盤天干為實質，太太多年來一直在背後支持着丈夫。再看天盤天干乙為看得到的情況落坎宮，引干庚為夫同宮，又見坎水生震木，太太裏裏外外名副其實是成功男士背後的女人，對這段婚姻付出了很多。這種角色只帶柔情是當不了的，坎宮白虎為兇惡，天沖星為勇氣、上進，驚門為聲音宏亮，再加引干庚亦為虎，生震宮Mr.F，太太推動丈夫向上的方法猶如管教子女一樣，時干庚為子女亦為夫，Mr.F用神壬為強水、大動，自然不愛被管束。Mr.F 的工作圈子要和很多不同的人合作，特別是與異性身體接觸的機會更是無可避免，開門為工作落艮宮，天盤八神六合為多人合作，天輔星為依偎，玄武為一對，又丙辛相合格局為乙奇相合，謀事能成。Mr.F是一位歌舞劇團台柱，天干壬的風流特性在舞台上名正言順得以充分發揮，2017年杜門帶馬星為藝術表演，九天為公開，螣蛇為彩燈，天心星在這種環境中動了真情，宮中戊癸相合，丁為第三者，女方已為人妻，引干辛為錯誤、變革，天盤八神九天遇太沖，這件事很快便在圈內通了天。杜門門迫與艮宮開門對沖，女主角被迫退出了劇團，避開是非另謀出路，這段不倫之戀在Mr.F的苦苦糾纏下維持了一年多，太太愛夫心切，一直裝聾扮啞等待浪子回頭。Mrs.F用神天盤天干丁帶甲子戊臨生門落巽宮生丈夫宮位，她的經理人公司為丈夫處理工作上所有事務，也掌控了他的財政。Mr.F身兼劇團導師，任性的他再次把持不住，天輔星臨開門，天干丙辛相合並天盤八神六合、地盤八神玄武，2016年馬星沖艮宮，他迷戀上班上一位已婚學員，並對她展開追求攻勢，離宮柱星傷門為擒拿，臨空亡為求之不得。女方不想事情僵持下去，天干丙剋坎水，於是把情況如實告知Mrs.F，讓她好好解決這個糾結。

四值功曹中見四虎相爭，複雜之事可以更複雜，更僕難數。Mrs.F與經理人公司的法律顧問在她婚前已有曖昧，天干丁下臨丙為第三者男性，婚後丈夫的不忠行為令她在這段三角關係中找到一個合理的解釋，2017年開始丈夫對她冷淡的態度更把她一再推向別人，直至今天提出離婚。可是，此課見乙庚同宮，丁壬相生，六合宮位又有相合之象，這種格局肯定離不了婚。叮囑Mr.F好好珍惜眼前人，局中所見，失去了太太的幫助，他的前景將困難重重。目前首要處理好錯綜複雜的感情關係，把精神時間投放在工作上，2017年景門門迫，Mr.F的名聲已經一落千丈，再不加把勁，到2020庚子年沖剋日干時，將遇到一個重大關口，到時孤掌難鳴便會一蹶不振。正是：多情自古空餘恨，好夢由來最易醒。豈是拈花難解脫，可憐飛絮太飄零。

2020/01/02 — 11:22

年	己亥
月	丙子
日	甲辰
時	庚午

蛇后雀明 符 九 乙 芮 戊 辛 開 庚 4 迫 墓	神大 蛇 天 壬 柱 癸 休 丙 9 迫	天功陰沖 馬 陰 符 丁 心 壬 戊 生 戊 辛 2 墓
合河 天 武 丙 英 丙 驚 己 3 迫	辛 陽二局 甲子戊旬 庚午時 芮 5 死	玄罡 合 蛇 庚 篷 乙 傷 癸 7
勾從龍送 九 虎 辛 輔 庚 死 丁 8 刑 墓	空小 武 合 癸 沖 己 景 乙 1	太乙白勝 虎 陰 空 己 任 丁 杜 壬 6

意馬收，心猿鎖，

跳出紅塵惡風波，槐陰午夢誰驚破？

離了利名場，鑽入安樂窩。

此課圖像：左有皎陽似火，光華閃壁見神鬼；右有玉兔忙搗藥，嫦娥苦偷泣；上有螣蛇繞柱欲攀天，下有玄武倒照返陰河。肩上擔子重如山，腳無車馬趕路難。本來，春有百花秋有月，夏有涼風冬有雪，若無閒事掛心頭，便是人間好時節。放不開，病由心生，七情所致，氣機逆亂之象也。

殷小姐久治不癒，問身體狀況。

當事人用神甲為頭，問健康必與頭部有關，值符落巽宮見凶象，巽為風，神在天為風，見地盤八神九地指精神長期受壓，臨開門門迫，主要因為工作上的事情。病況看天芮星，戊＋庚格局為值符飛宮，吉事不吉，凶事更凶，求財沒利益，測病也指凶。殷小姐氣度柔中帶剛，現於一間航空公司擔任區域乘務長，面對來勢洶洶的新冠疫情，乾金沖剋巽木，原本事業前景一片光明，大有機會晉升為主任的她，開門見戊＋庚為換人換地方，再乘地盤八神九地，由於客運量驟降，飛行工作幾乎停止，被安排到地面處理一些瑣碎事務。停飛等同減薪，甲子戊為財，戊＋辛為青龍折足，遇凶門主招災、失財或足傷；巽宮朱雀為火鳳凰，逢九地，入墓、門迫，烈火雖不得勢，然而鬥心未減，馬星為動象，見天心星臨生門，頗有男兒氣概的她依然積極做一些兼職去增加收入來源。脫髮情況是身體向殷小姐發出的嚴重警號，去年年底，坎宮引干癸為頭髮，天沖星為陽木臨景門為火反吟所傷，出現俗稱鬼剃頭，即斑禿的病徵，當時一心只想衝上更高層次的她並沒有認真對待這個重要訊息。不消兩個月，到訪的殷小姐一直帶着格子鴨舌帽，值符並天芮星為頭上衣物即帽子，戊為方，辛為格子，即使帽舌蓋住了上半截眼睛，也遮掩不了她慌張的表情，殷小姐的斑禿已經擴大至6厘米，事情發展到這個地步，她終於意識到自己真正需要的是怎樣的生活模式。殷小姐有一個同居多年的攝影師男友，甲己相合，己落坎宮臨景門為攝影，雖然賺不到大錢，玄武為小孩，六合為婚姻，找他拍家庭照和結婚照的客路尚算穩定；男友一直催她結婚，可是殷小姐並不打算在樣貌和事業最盛放的時候便讓自己穩定下來。日干落宮見天芮星寄宮，其實她還在選擇當中。

自病發以來，馬星落坤宮，天心星為西醫，巽木帶病星剋坤土，殷小姐看過西醫，也看過心理醫生，病情毫無進展，上月開始，失眠情況更加嚴重，能夠入睡的晚上也會驚醒幾次。晚上至清晨時份，坎宮見景門為景象，玄武為不定，己為慾望，天沖星為衝動，六合為多種組合，子時想法太多，體溫升高，沖剋離宮休門為大腦、為休息，夜間本應向下的能量衝到上面去，此亦為月經紊亂之象。艮宮庚為阻隔、強迫性，加地盤八神白虎為兩虎相爭，天輔為呼吸，庚金為肺，再以引干辛確定為呼吸系統，臨死門、九地帶凶象擊刑、入墓，丑、寅時份呼吸受壓，短促而快，肺主皮毛，因而脫髮。震宮丙為陽火，天英星為雷電，亦為心電圖，驚門為驚恐，卯時心跳加速，心緒不寧，乙卯為肝膽，此亦為肝虛，氣鬱化火之象。徹夜不眠，巽宮天芮星為病星，引干為主因，乙為神經，八門反吟，此病乃自律神經失調所致。乙為中醫落兑宮，乙下有癸為中藥湯，傷門為控制，兑金剋病星，找一位中醫診治能遏制病情，再把凶象化解，悉心調理身心狀況才能治本。

對女性來説，感情在生命中是十分重要的一環。殷小姐現在身邊周旋的男士對她有害無益，日干寄宮見天干辛金和庚金，都是剋甲木的元素，奉勸殷小姐現時應盡量減少工作量，感情之事亦不應弄得太複雜，讓長期受到擾亂的精神狀態重回正軌。再看她的同居男友所落宮位，不論以甲己相合看，或是乙庚相合看，也都處於生她的狀態。正是眾裏尋他千百度，驀然回首，那人卻在燈火闌珊處。一合能化百凶，一直守護着自己的愛人，便是靈丹妙藥。

奇門遁甲
QIMEN BEING
Here There & Everywhere

奇門在此4—國運

2020/11/03 — 20:41

年	庚子
月	丙戌
日	庚戌
時	丙戌

合 河 雀 從 丁 陰 柱 傷 武 癸 乙 4 刑	勾 明 庚 蛇 心 杜 虎 丁 辛 空 9 刑	龍 后 空 大 馬 壬 符 篷 景 合 庚 己 丙 空 2 刑 墓
蛇 送 癸 合 芮 生 九 己 戊 丙 3 刑	丙 陰三局 甲申庚旬 丙戌時 篷 休 5	白 功 戊 天 任 死 陰 壬 癸 7
神 小 天 勝 己 丙 虎 英 休 天 辛 壬 8	陰 乙 辛 武 輔 開 符 乙 庚 1	太 沖 玄 罡 乙 九 沖 驚 蛇 戊 丁 6 墓

周公恐懼流言日，王莽謙恭未篡時。

向使當初身便死，一生真偽復誰知？

誰家第宅成還破，何處親賓哭復歌。

昨日屋頭堪炙手，今朝門外好張羅。

北邙未省留閒地，東海何曾有定波。

莫笑賤貧跨富貴，共成枯骨兩如何。

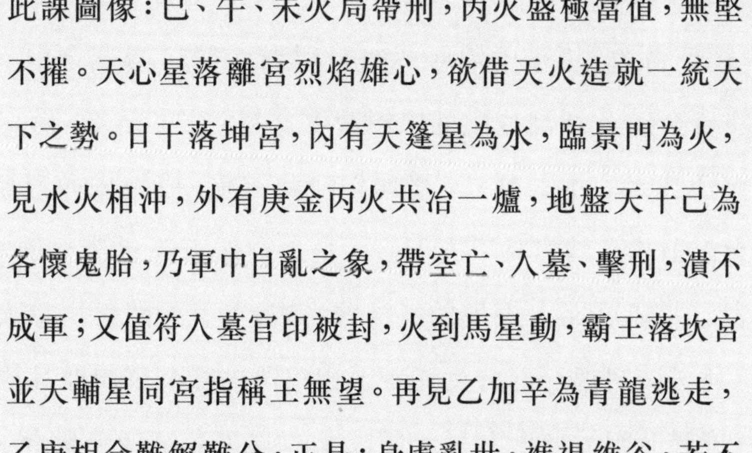

此課圖像：巳、午、未火局帶刑，丙火盛極當值，無堅不摧。天心星落離宮烈焰雄心，欲借天火造就一統天下之勢。日干落坤宮，內有天篷星為水，臨景門為火，見水火相沖，外有庚金丙火共冶一爐，地盤天干己為各懷鬼胎，乃軍中白亂之象，帶空亡、入墓、擊刑，潰不成軍；又值符入墓官印被封，火到馬星動，霸王落坎宮並天輔星同宮指稱王無望。再見乙加辛為青龍逃走，乙庚相合難解難分，正是：身處亂世，進退維谷，若不及早鳴金收兵，終歸跌入萬劫不復之地也。

張總打算舉家移民美國，問大選後營商環境可有改變。

張總年紀輕輕卻已有超過10年的營商經驗，現為一間中港台合資的太陽能產品貿易公司合夥人之一。因工作上接觸到當時炙手可熱的綠色產業，2010年30歲出頭的他，坤宮景門為願景，帶馬星沖艮宮，天英星為策劃，鋒芒初露；天盤八神白虎、地盤八神九天，辛為變革，猛張飛利用工作上的便利，先與中國內地生產商緊密聯繫；2011年六合臨生門，天芮星為桃園結義，再夥拍另一台灣同業作為門户把產品出口美國。震宮丙+己格局為火悖入刑，囚人刑杖，文書不通，吉門得吉，凶門轉凶。甲子戊帶刑，如意算盤打不響，幾個合作單位對注資金額及利潤分配的比例發生意見，往後幾年，夥伴間都無法拔走心中的刺，業務運作障礙重重，成績未如預期。直至2016年，坤宮日干庚下己丙見六合遇天蓬星帶擊刑，美國表示將要展開大規模的經濟貿易戰，為了避開這次重大衝擊，公司決定把一部分生產線及出口門户移至東南亞其他地方，這個計劃需要配合另一個國家的政策和加盟新夥伴，由於合作關係建基於利益，在缺乏互信的條件下，選擇向銀行借貸作為改革後新線的投資本金。天蓬星為破財格，股東們當然不曉得這種現今社會十分普遍的營運模式，竟然在公司發展路上埋下地雷，六合為合作，庚為殺傷力強大的武器，己為地下，丙為強火，景門為爆炸，2016年空亡、入墓時候未到，到2021、2022年，當艮宮帶白虎把墓沖開，馬星動的時候便會一發不可收拾。辛為變革，生兑宮、乾宮，這次轉線總算令公司在貿易戰的烽火中幸保不失，反而美國的客戶卻因為進口原料成本增加而陷入困境。2020年地盤庚為美國客戶落坎宮，乙+庚格局為日奇被刑，為爭訟財產，夫妻懷有私意。乙庚乃夫妻關係，客戶對國家政策不得不從，玄武為小偷，今年年初，美國客戶向張總提出雙方暗中合併的建議，希望張總今後長駐美國擔任總裁之職，利用他對各國的貿易經驗為公司賺取最高利潤。

對張總而言，面臨的抉擇並非兩份工作，而是兩個國籍。良禽擇木而棲乃合情合理之事，美國大選後的改變將決定他要走哪一條路。此課以美國大選起盤，日干庚為現任總統特朗普落坤宮，見值符空亡為不實，入墓為失去力量，丙帶擊刑為削權；六合為團隊，庚加丙格局太白入宮，賊必來，為客進利，

為主破財；臨馬星，受時干丙火所剋，此仗必敗無疑。美國國運轉看下一任主人，地盤庚為年干，年干為長者，拜登將為八旬老翁，落坎宮臨開門，新任總統持開放態度，天輔星、天盤天干乙皆為軟性溫和，值符性格特別虛偽，八神玄武亦為虛假，地盤庚方為本質。引干辛為變革，符為頭，坎為腳，拜登上場後看來會有翻天覆地的改變，坎水生震木，見六合、天芮星臨生門，指他將進行多種外交手段去改善美國現處的經濟困境，新官上任後不會採用激進的對外政策而轉為拉攏合作的態度，社會及經濟將進入喘息休養的狀態。

張總在這個時候移民是否合適？

日干丙為所問事情，丙為政治、權力、亂子，遇六合和天芮星，夥伴間出現多種問題，生門、甲子戊為財，己+戊格局為犬遇青龍，門吉位為謀望遂意，上人見喜，若見凶門枉費心機。張總打算帶着妻兒赴美，時干丙為兒子，震宮己+丙格局為火悖地户，男人冤冤相害，女人必致淫污。天芮星為學生、聯羣結黨，子女年幼無知，近朱者赤近墨者黑，且宮位帶刑剋日干，到時管教權恐怕不再在父母控制之內。此事百害無一利，不宜進行。公司當務之急先要處理好坤宮位置的凶象，否則踏入2021年，有關地區的政治環境有所改變時，張總公司便會成為眾矢之的，走到美國只會成為代罪羔羊。目前宜緊守崗位，處理好不合規格的文件和合同，穩住陣腳堅持到2024年，一個來自北方的機會自然會找上門來。

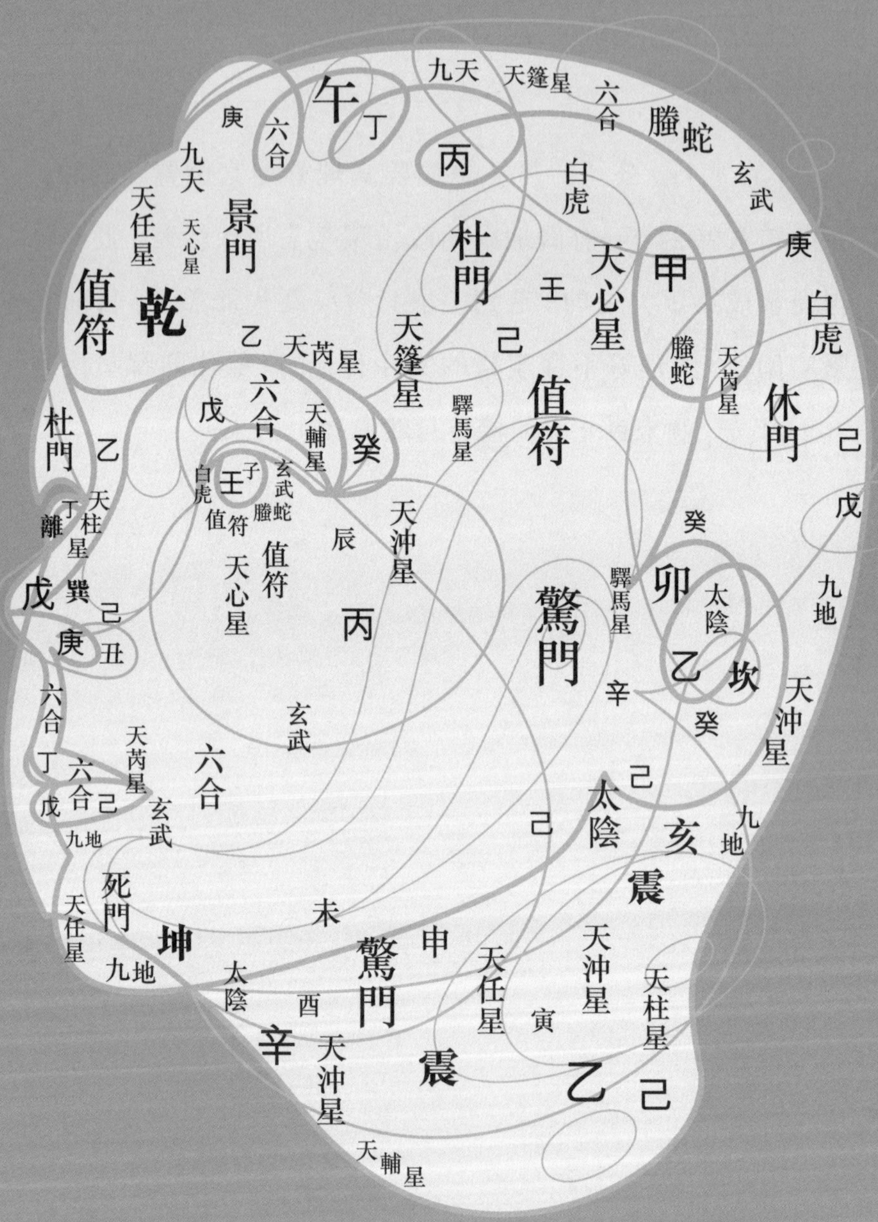

九天
天篷星
六合
午
丁
庚
六合
螣蛇
丙
九天
白虎
玄武
天任星
天心星
景門
杜門
王
天心星
甲
庚
值符
乾
乙
天芮星
天篷星
己
白虎
螣蛇
天芮星
休門
戊
六合
天輔星
驛馬星
值符
杜門
乙
癸
己
白虎
王
子
玄武
螣蛇
戊
天柱星
丁
離
值符
天沖星
癸
天心星
值符
辰
驛馬星
卯
太陰
九地
戊
巽
己
丙
驚門
庚
丑
乙
坎
天沖星
辛
癸
六合
玄武
天芮星
六合
丁
六合
己
太陰
己
戊
玄武
九地
亥
九地
震
死門
天任星
未
坤
申
天沖星
天任星
九地
太陰
驚門
天柱星
酉
寅
辛
天沖星
震
乙
己
天輔星

奇門在此—面相

頭是人體最複雜的結構，以面容辨識身份更是人類獨門秘方，所謂面由心生，由內心所顯照出來的一面光影，在奇門解讀之下無所遁形。甲為值符，為頭面，其一象義為虛假，能把真相掩飾的方法乃精湛的演技，七情上面的表達能誤導對方的判斷。現今先進的整容技巧甚至能讓枕邊人一直蒙在鼓裏，奇門遁甲兼備先天和後天的運用程式，能精斷易容後的個案。至於整容是否可以改變命運這個問題，奇門中天干辛的象義為變革，為小刀，亦為血光之災，然而事無對錯，孰得孰失因人而異。

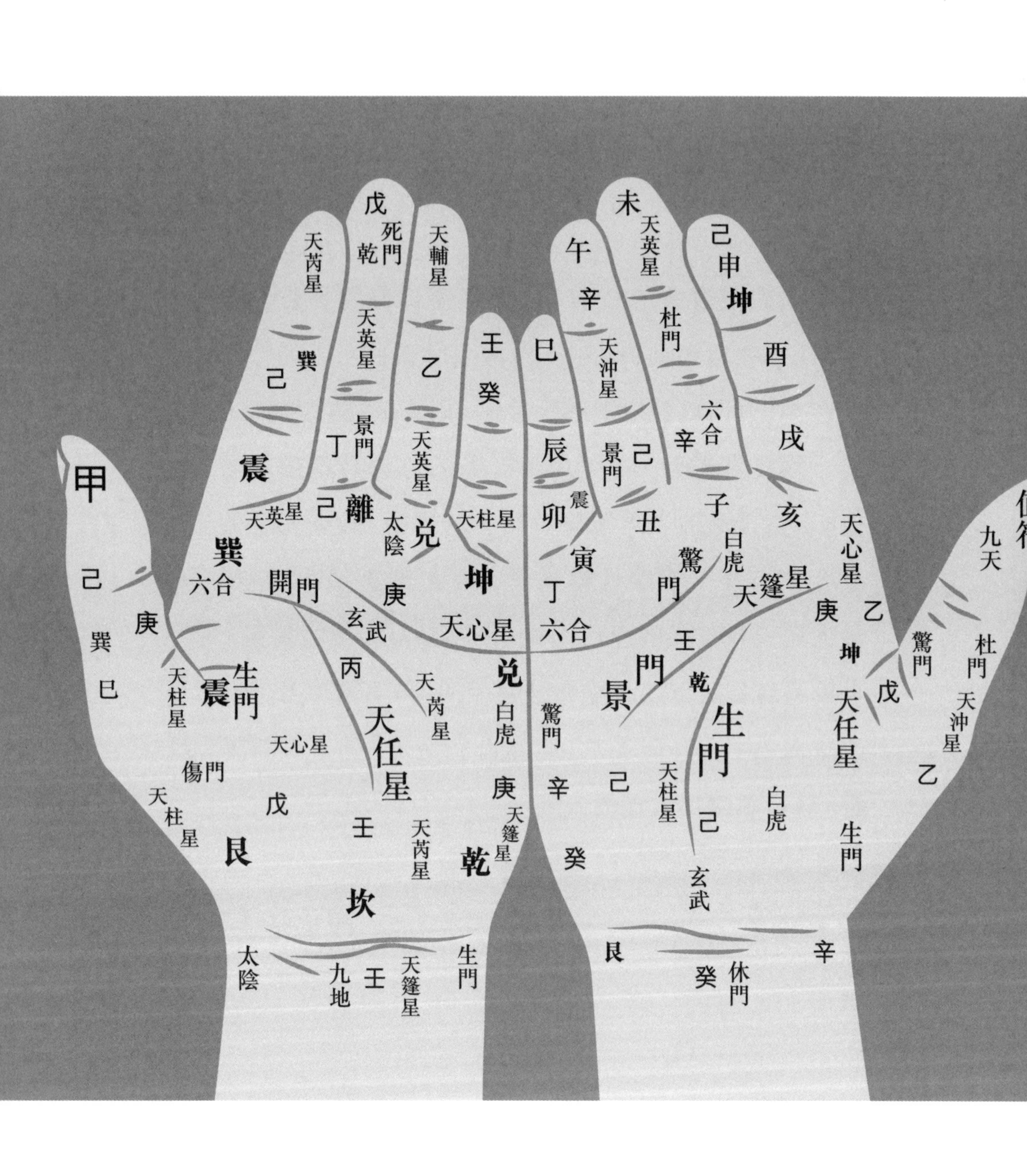

天芮星
戊
死門
乾
天輔星
天英星
巽
己
乙
景門
丁
天英星
壬
癸
震
甲
離
己
天英星
太陰
兌
天柱星
巽
六合
開門
庚
坤
己
庚
玄武
天心星
巽
巳
天柱星
生門
震
丙
天芮星
兌
天心星
天任星
白虎
傷門
天柱星
戊
庚
天蓬星
艮
壬
天芮星
乾
坎
太陰
九地
壬
天蓬星
生門
未
午
天英星
己
申
坤
辛
杜門
巳
天沖星
酉
六合
辛
戊
辰
景門
己
震
卯
丑
子
亥
寅
白虎
驚門
天心星
丁
天蓬星
六合
庚
乙
壬
坤
景門
乾
驚門
生門
天任星
戊
杜門
天沖星
九天
辛
己
天柱星
白虎
乙
己
癸
生門
玄武
艮
辛
癸
休門

奇門在此—手相

十指連心，心腦相通，正如德國著名哲學家康德所說：手是人類在外面的頭腦。生物界中只有人類和猿猴具有由遺傳基因發展刻劃出來的掌紋，每個人的手上都帶着生命密碼，那是否就代表了命運由人出生那刻就一直在自己的掌握之中？《西遊記》中自命齊天大聖的孫悟空在翻天覆地後，被如來佛祖以五指化作金、木、水、火、土五座聯山鎮壓了五百年，結果五行山下定心猿，終於超越自我由魔入佛，伴隨唐僧踏上西天取經之路。

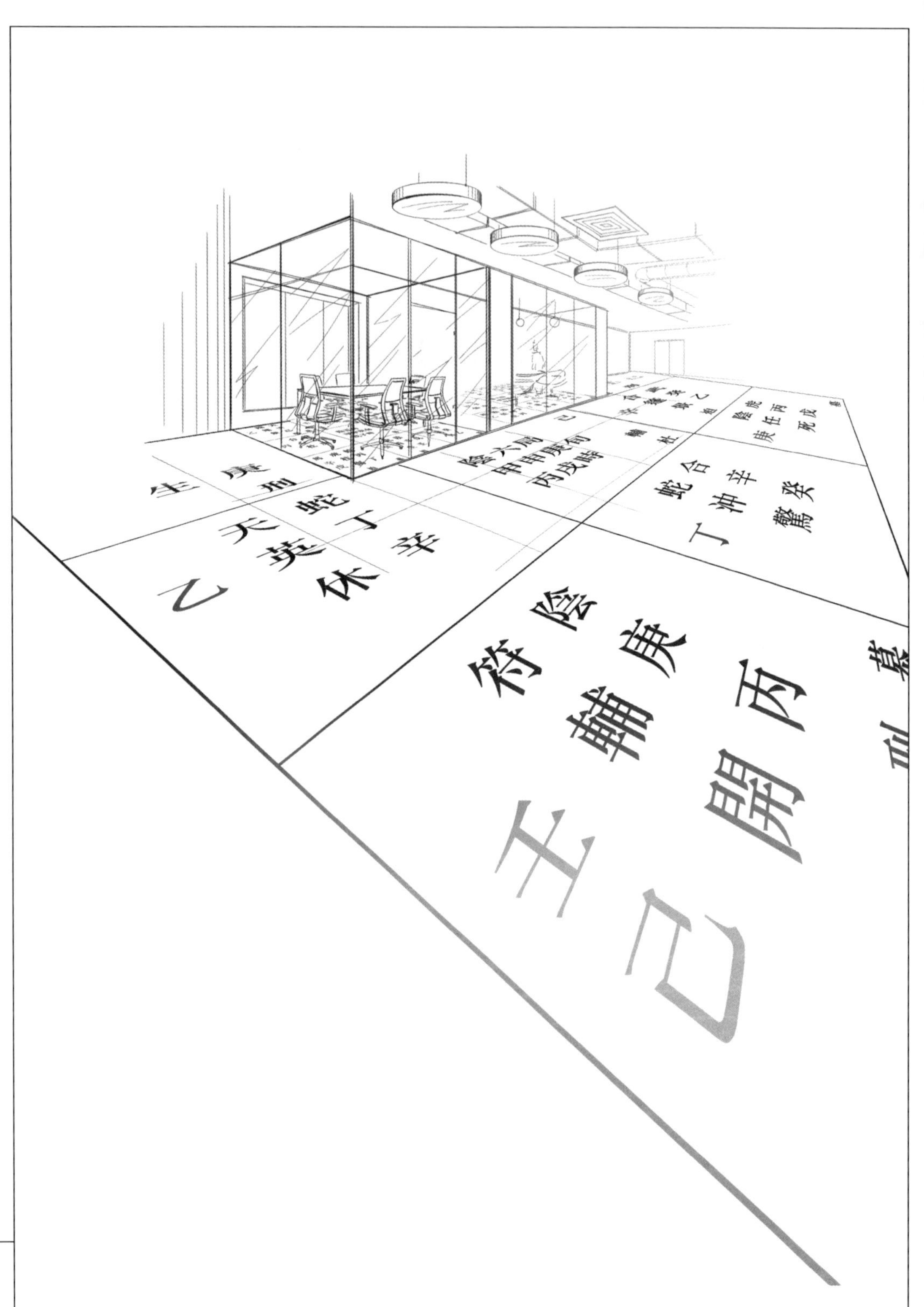

奇門在此—風水

坊間常以一句「風水先生可以騙你十年八年」作為開場白，用來説服別人相信自己的話，從此以後，風水先生這個行業便和「騙子」掛鈎。

風水學亦即堪輿學，以仰觀天象，俯察地理為依據，替使用者選擇最合適的定位，並於佔地上設置各種對其有利的佈局，力求達致物盡天華，地靈人傑的效果，可以理解為現代的環境哲學。一個出色的風水佈局必須以人為本，讓日漸遠離大自然的現代人繼續與天地接軌，同呼同吸，內外調和，把基礎打好方能在平地脱穎而出，讓使用者不僅在自身領域中創建成就，更能與外界環境相輔相成，無需刻意經營亦可造福人羣。建築師、室內設計師和風水師們都是環境創造者，他們的作品對人類影響深遠豈止十年八年，在此向曾經攜手合作，不求造出驚天動地的設計，只望大家生活安康的建築設計師們致以萬分敬意！

奇門在始

傳説

有始有終，事物總得有個源頭才算完整，一首歌要有前奏、一個劇本要有大綱、一件設計要有概念、一套學説要有出處；不知道祖先是誰我們便有名無姓，成為世俗中的懸念。關於奇門遁甲的傳説有兩則至今仍為人津津樂道：

(一) 華夏民族始祖軒轅黃帝於四千六百多年前，與居於黃河中下游以蚩尤為首的九黎族大戰於涿鹿，蚩尤兄弟軍八十一人個個銅頭鐵額，獸身人語驍勇善戰，不但以金作兵，更懂得呼風喚雨。面對如此強敵，黃帝九戰九敗。話説蚩尤軍在戰場上佈滿迷陣，黃帝的軍隊被困於濃霧中迷失方向，三日三夜無法衝出重圍，戰況堪危之際，九天玄女隨五色彩雲從天而降，傳授《遁甲符經～陰符經》天書三卷，黃帝命宰相風后依照書中所載，以北斗星指向的原理造出能破迷陣的指南車，更從中學懂了用軍之法令形勢逆轉，終於大敗蚩尤，天命所歸一統中原。

（二）商朝末年，年已八十的姜子牙受命於師父元始天尊執掌封神榜。要辦妥封神之任，大前提是先要順行天運滅商興周，姜子牙把在崑崙山學得的奇門遁甲術融會貫通，由黃帝時期的一千零八十局，以七十二候演化為七十二局（太公奇門遁）精簡運作，先輔佐周文王姬昌治國立本，再於牧野之戰擔任軍師之職，使用奇門之法行兵佈陣，助周武王姬發大敗暴君紂王，救民於水深火熱之中，奠定大周八百年基業的豐功偉績。事成後重返天庭，將所有扶周滅商的功臣敕封為三百六十五路正神各司其職，唯獨沒封給自己。依然手執打神鞭的姜太公，看似無緣仙家之位，實操監督眾神之權，天庭之上無不對他敬重三分，地位等同諸神之首，成為神上之神。

一個充滿着神話色彩的傳說可以流傳上千年，經歷不同年代，也變成許多不同的版本，能夠享有這份榮譽肯定非比尋常，亦代表了這些傳說不會因為時代變遷而降低其存在價值，內裏因由知者自知難以言喻。當被問到祖先是誰的時候，李先生會答是李世民;黃小姐會說是黃帝;劉氏的都是劉邦;姓關的必定是關雲長;姓周的較多選擇,周文王、周武王受歡迎的程度不相伯仲。張三李四小伍老陸,你們選好了沒有?

傳奇

大名鼎鼎的卧龍先生諸葛亮草船借箭，先要借霧，霧借得自然，箭借得順暢，以二十條載滿布幔束草的輕船借來曹操十萬支箭，叫人心悦誠服。魯肅問：「先生真神人也，何以知今日如此大霧？」孔明曰：「為將而不通天文，不識地理，不知奇門，不曉陰陽，不看陣圖，不明兵勢，是庸才也。」孔明借火攻曹軍，先要借東風，以奇門遁甲佈築七星壇，立於台上作法，時辰一到，火鳥御駕風頭，直捲曹操水師戰船，借來三日三夜東南大風，助周瑜以五萬兵力大破敵方八十萬大軍。周瑜見隆冬之時東南風大起，駭然曰：「此人有奪天造化之法，鬼神不測之術！」

借雄才偉略的周公瑾一句評價，孔明智高無上的寶座便一直坐到今天。三國演義把「借」變成智作，先借奇人傳奇門，再借世人之口傳傳奇，傳奇背後的團隊把「借」的藝術代代相傳，讓智慧借傳奇流傳下來予有緣之人心領神會。中國傳奇小説如《西遊記》、《水滸傳》、《隋唐演義》等名著字字珠璣，與其花時間研究孰真孰假，不如努力往傳奇裏掘金，保證金質純正，只傳不送，有借無還。

傳承

正正得正，負負得正，事可成。正負得負，負正得負，事不可成。AA、BB、OO同類血型可以結合，AB可接受任何血型，O可輸給任何血型，沒排斥，事可成。公式程式運用得宜是很好的工具，但若把它當成牢不可破的硬性規條，那樣的你只是畫地為牢，永遠走不上「道」。

以程式為基礎的教授和學習，跟奇門遁甲的傳承可說是毫無關係，甚或是背道而馳，一個獨立個體如何能趕得過集智而成的新科技？在不久將來，一台能從一零八零個奇門遁甲盤中找出最大機會率，連同一萬零八百字的斷事分析，由一個塑造得如仙女下凡，又或是現代孔明形象，以每位收費港幣一百元，在五分鐘內為客人解答各項疑難而且範圍不限，毋須預約的機械人指日出廠，它的功能性將勝過從未得到真正傳承的奇門用家千倍萬倍，即使你並非商業競賽的參加

者，亦難免會因為人類對電腦的依賴而出現惰性，必須面臨靈識衰退的危機。

傳承是沒有終點的過程，萬事萬物每刻每秒都在經歷着這個神奇過程，現在的你把上一刻一切所得的，徹底地傳給下一刻的你來承受，當你真正明白到這就是自然的時候，代表你已準備好有意識地接任傳承之職。過去已經學透的東西都是累贅，找個懂得珍惜的人把這些舊物回收重用，有能力使其活化的更妙，然後騰空所有位置去迎接未知的將來，讓自己持續處於新陳代謝階段。「傳承」從不強求，在努力付出不計成果之後自然發生，永動機從未被創造，卻一直存在永垂不朽。

綠草悠悠，白雲飄飄，無邊無際。

奇門遁甲
奇門在此
QIMEN BEING
Here There & Everywhere

導師

「以人身修行難，在城市中修行難上加難。
謹向所有敢於挑戰不可能任務的城市道人致敬。」

雲素蕎

雲素蕎 *Yún Sù Qiáo*

二十七歲自立門户，*DASH Design* & *Advertising* 創辦人，任職創作總監及中文撰稿人（*Creative Director and Chinese Copywriter*），曾為逾百來自不同範疇領域的企業及客户單位擔任廣告策劃及設計工作，其中和平飯店品牌形象設計系列，被獲邀為香港歷史博物館開幕展品。2005年重遇宿世因原南崑山浩瀚道長，同年脱離廣告生涯，跟隨道長門下潛心修行。2023年創立奇門在此，全職城市道人。

- 師承正一教南崑山浩瀚道長
- 寧瑪噶陀教主蔣揚法王

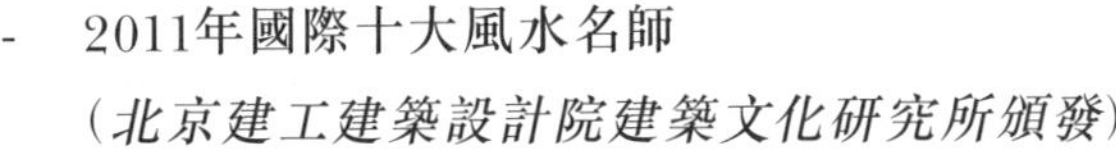

- 2011年國際十大風水名師
  （*北京建工建築設計院建築文化研究所頒發*）
- 現任浩瀚天龍蓮會（香港）副會長
  兼任道家功法、奇門遁甲、大六壬、風水等術數導師
- 奇門在此（香港）創辦人
- 中國龍虎山嗣漢天師府高功法師
- 中國龍虎山嗣漢天師府祝由道醫

書刊編委

-	*2021.06*	*奇門遁甲*	*雲昭*
-	*2021.09*	*大六壬金口訣*	*雲昭*
-	*2021.09*	*紫微斗數*	*雲昭*
-	*2021.12*	*奇門遁甲*	*羅星*
-	*2022.04*	*奇門遁甲*	*雲彤*
-	*2023.09*	*九宮飛星*	*雲昭*
-	*2024.03*	*九宮飛星*	*羅星*
-	*2024.10*	*奇門遁甲*	*雲易揚*
-	*2024.10*	*大六壬金口訣*	*雲易揚*

「鑽研易學，修習奇門，繼而進入儼如萬花筒般的大六壬，

方知造物者的大設計如此精妙絕倫，至善至美盡在其中。」

雲易揚

雲易揚 *Yún Yì Yáng*

從事設計工作二十多年，從平面、立體、空間及攝影世界中認識陰陽易學，遇到恩師浩瀚道長，踏入道門始知天命，得到奇門遁甲及大六壬的傳承，運用古文明智慧輔助建築及室內設計業製造出最佳格局。2023年創立奇門在此，承先啟後，廣結善緣。

- 師承正一教南崑山浩瀚道長
- 寧瑪噶陀教主蔣揚法王

- 2009年十大華人易學名師名家（*北京建工建築設計院建築文化研究所頒發*）
- 奇門在此（香港）創辦人
- 現任浩瀚天龍蓮會（香港）副會長
兼任道家功法、奇門遁甲、大六壬、風水等術數導師
- 中國龍虎山嗣漢天師府高功法師
- 中國龍虎山嗣漢天師府祝由道醫

出版著作：

- 2024.10　奇門遁甲
- 2024.10　大六壬金口訣

書刊編委

-	*2021.06*	*奇門遁甲*	*雲昭*
-	*2021.09*	*大六壬金口訣*	*雲昭*
-	*2021.09*	*紫微斗數*	*雲昭*
-	*2021.12*	*奇門遁甲*	*羅星*
-	*2022.04*	*奇門遁甲*	*雲彤*
-	*2023.09*	*九宮飛星*	*雲昭*
-	*2024.03*	*九宮飛星*	*羅星*

「語言是人類成為萬物之靈的重器，我從語言的認知中，明白到這把雙刃劍就如不同的地方語言，把我們分隔各地、歸類，並且敵對，溝通和融合是讓世界走向和平的唯一路徑。遇上生命中的尊師浩瀚，我學懂了語言永遠無法達到的領域——和所有生靈都能暢通無阻的溝通方法，感恩每一份靈性體驗，讓我得到真正成長步向和諧。」

雲芊悅

雲芊悅 *Yún Qiān Yuè*

祖父道號陳崇秉，帶着道家血脈七歲隨父母移居加拿大。22歲完成心理學學士學位，同年隻身回歸祖國，遠赴湖南長沙民政職業技術學院，擔任英語教師；2007年受聘於香港教育局，任職語文教育及研究常務委員會項目主任。教學之路受恩師浩瀚道長啟蒙得到突破，2023年創立奇門在此，把道上所學與眾同享，成為人心導師。

- 師承正一教南崑山浩瀚道長
- 寧瑪噶陀教主蔣揚法王

- 奇門在此（香港）創辦人
- 現任浩瀚天龍蓮會（香港）副會長
  兼任道家功法、風水等術數導師
- 中國龍虎山嗣漢天師府高功法師
- 香港大學教育碩士
- 香港城市大學文學碩士（英語）
- 加拿大英屬哥倫比亞大學心理學學士
- 曾任東華學院高級講師（人文學院教育系）
- 曾任教育局語文教育及研究常務委員會項目主任

QIMEN BEING

後記

看似迷亂無章的花花世界，雜草燒不盡，春風吹又生。誰知花草同園，氣數同枝，禍福相交，只在此起彼落，長消之序而已。在時間巨輪的推動下，我們向前跑得愈快愈是背道而馳，競爭愈演愈烈，已經沒有「多餘」的閒情逸致去和大自然溝通，啟發我們與生俱來接收原始訊息的本能，任由彌足珍貴的學問一代一代逐漸稀釋，耳濡目染下更被大部分人看成是國王的新衣(*The Emperor's New Clothes*)。奇門這件設計得天衣無縫的龜甲，相信只有真正懂得藝術的人才會發現其魅力所在。

我等今得浩瀚師父恩准著書廣開奇門，只望能更貼近時代步伐，在祖師為後世鋪設的道上多豎一個路標，好讓正在高速飛行的現代人不會擦身而過。我等不才，自知能力所限難免有所缺漏，不足之處還請同道雅正，集思廣益皆大歡喜，不勝感謝。

BEING

舉凡追求完美的都是尋道者

*在充滿藝術性的***「玄意」***當中*

你將會得到全然的自由自在

www.qimenbeing.com

奇門在始

編著

雲素蕎

合編

雲易揚、雲芊悅

責任編輯

魏子樺

美術設計

DASHTOP Design & Advertising

出版者

圓方出版社

香港北角英皇道 499 號北角工業大廈 20 樓

電話：2564 7511

傳真：2565 5539

電郵：info@wanlibk.com

網址：http://www.wanlibk.com

http://www.facebook.com/wanlibk

發行者

香港聯合書刊物流有限公司

香港荃灣德士古道 220-248 號荃灣工業中心 16 樓

電話：2150 2100

傳真：2407 3062

電郵：info@suplogistics.com.hk

承印者

美雅印刷製本有限公司

香港九龍觀塘榮業街 6 號海濱工業大廈 4 樓 A 室

規格

16 開 (240mm X 170mm)

出版日期

二〇二四年十一月第一次印刷

Published in Hong Kong, China by Forms Publications,

a division of Wan Li Book Company Limited.

ISBN 978-962-14-7579-4